Histoire subtile et secrète des hommes

des hommes

La dernière humanité

Serge Asfaux

Histoire subtile et secrète des hommes
La dernière humanité
Roman

LE LYS BLEU
ÉDITIONS

Argument

Comme beaucoup d'autres avant moi, il y a longtemps que je me suis intéressé au personnage de Jésus de Nazareth, ainsi qu'aux diverses perceptions que l'on peut avoir de son histoire extraordinaire et des prolongements qu'elle a eue jusqu'à nos jours !

Cette recherche amène à se confronter à plusieurs opinions contradictoires qui vont du déni total ou de l'indifférence, à la foi « du charbonnier » ; opinions qui sont pour la plupart sincères, certes, mais aussi bien souvent aveugles et partisanes – en fait deux dogmatismes !

Pourtant, il est vrai qu'une vie humaine peut très bien se construire à partir de l'un ou de l'autre de ces dogmatismes et, quelle que soit la voie choisie, elles sont, sans aucun doute, toutes les deux honorables pourvu qu'elles soient assumées réellement (ce qui n'est pas toujours le cas hélas).

D'ailleurs, dans la quête de la vérité, toutes les opinions sont légitimes quand elles sont, si j'ose dire, de bonne foi !

Dans cette recherche, la méthode scientifique prônée par les uns nous laisse, malgré tout, de grands vides ; tandis que la voie spirituelle prônée par les autres et qui s'appuie, elle, sur les seuls textes des Évangiles Synoptiques, ou ceux des Actes « cimente » ces mêmes vides mais sans les combler non plus.

Bref, de grandes questions sur le personnage de Jésus – plus qu'aucun autre personnage – restent donc toujours sans réponse ;

D'où venait-il réellement ?

De quels moyens a bénéficié Paul de Tarse (Saül) pour l'édification du Christianisme tel que nous le connaissons aujourd'hui et dont il fut le vrai créateur même si la direction a été dévolue à Pierre ?

Et de quelle puissance politique ou autre, émanaient ces moyens ?

Judas était-il ce « vilain traître » que les textes nous présentent, ou comme son propre Évangile semble le suggérer « sa trahison relèverait-elle plutôt du service commandé » ? Et dans ce cas commandé par qui ?

Pourquoi est-ce Pierre qui a été choisi comme chef de l'Église nouvelle au lieu de Jacques qui semblait peut-être plus à même intellectuellement d'occuper la fonction ?

Sans doute parce que l'Église primitive appelée « l'Église de Jacques » était considérée comme étant trop « juive » et pas assez universelle pour représenter le futur Christianisme !
Mais qui avait cette volonté et ce pouvoir, de choisir l'une au lieu de l'autre ?

Pourquoi Ponce Pilate, peu convaincu, semble-t-il, de la culpabilité de Jésus, va-t-il abandonner celui-ci alors qu'il détenait, s'il l'avait voulu, la force politique et militaire pour lui éviter un sort cruel ?

Le Grand Prêtre ou le Sanhédrin avaient-ils un moyen de pression sur le Procurateur romain et si oui lequel ?

Etc., etc.

Ni la foi ni la science ne répondent vraiment à ces questions.

De plus, les Églises officielles, catholiques, orthodoxes, protestantes, islam... ne sont, selon moi, que des « machines » profanes exotériques ayant peu de rapport avec l'enseignement de Jésus ; elles sont pourtant partie prenante et responsables des soumissions négatives qui ont affectées par la suite, une grande partie de l'humanité.

À partir de là, tout ou presque reste ouvert et j'ai eu l'envie de présenter, dans ce livre, mes propres conclusions sur cette épopée et sur les suites qu'elle a eues jusqu'à notre époque même ; car la fascination pour Jésus est si grande, encore aujourd'hui, que l'on peut, je crois, s'autoriser à formuler, à son sujet, les hypothèses les plus folles.

Mais la folie n'est-elle pas le passage obligé pour atteindre la Sagesse ?

C'est ce que j'ai tenté de faire modestement dans cet ouvrage.

Et si les lecteurs m'ont bien lu : le croyant ou l'incroyant, y trouveront, peut-être, chacun, des motifs supplémentaires de réflexion.

C'est en tout cas, l'espoir qui a motivé « l'invention » de ce récit qui présente « cette autre hypothèse » et signale les éventuelles conséquences
qu'elle pourrait avoir sur notre présent et probablement aussi sur notre avenir.

SAX
À l'aube du troisième Millénaire…

Profession de foi

J'écris ce livre après 79 ans d'une vie qui s'est finalement révélée intéressante.

C'est-à-dire que j'écris avant de mourir ; avant de partir pour un monde que certains nous promettent, sans preuve, comme meilleur.

Je ne saurais dire si après ce passage ultime il y a une suite ou un ailleurs caché quelque part dans les galaxies ou même n'importe où.

La raison nous commande de considérer ce passage comme final, un néant définitif succédant sans doute à la vie comme lorsqu'on débranche une lampe.

D'un autre côté, j'ai peine à croire que le cosmos ne serait qu'un simple et grand poster sur lequel nous serions épinglés et qu'il n'y aurait aucun sens dans l'univers.

Cela voudrait dire que tout ce qui existe n'a aucun sens ! ce qui me paraît impensable ; tout cela s'éclaircira (ou pas) au moment de la mort que je souhaite le plus tard possible.

Mais en attendant ce moment, il reste que l'énigme concernant un éventuel « après » est la question fondamentale qui hante l'esprit et l'intelligence des hommes depuis des millénaires.

C'est pourquoi, par une prudence un peu lâche, j'en conviens, quand on me pose la question : êtes-vous croyant ? je réponds toujours : je suis athée, Dieu merci ! (On ne sait jamais !)

En route vers le 4ᵉ Millénaire que je ne connaîtrais pas, à moins d'un énorme miracle !

Récurrences

Moi, j'écris pour les archéologues du 4e Millénaire !

Car tous nos textes constitueront, pour eux, une grille de lecture qui leur permettra de mesurer très précisément la grandeur ou l'étroitesse de notre civilisation !

SAX

Même les hypothèses les plus incroyables doivent être prises en compte.

Ne serait-ce que parce qu'il est arrivé quelques fois dans l'histoire, que certaines d'entre elles soient, par la suite, validées scientifiquement !

SAX

Quelle que soit ma croyance ou mon incroyance, ma cosmologie ou mon pré carré, ma naissance ou ma fin, toutes ces définitions sont les deux faces opposées d'une même médaille : la mienne !

SAX

Il y a plusieurs demeures dans la maison de mon père
Parole attribuée à Jésus
Évangiles synoptiques

Jésus

Dis-moi !
Jésus, celui qui est venu
Était-il un Dieu ou un Roi ?
Certains alors l'ont vu et su
Mais ils l'ont volontairement disqualifié
Caïphe et Pilate n'étaient pas dupes
Mais ils tremblaient pour leur société
Et la peur souvent décuple
Dans les cerveaux et dans les cœurs
L'évidence d'un possible Dieu incarné
Venu nous délivrer de nos peurs
Pardonner et refonder l'humanité.
A-t-il échoué dans sa mission ?
Sans doute, car d'autres l'ont volée.
Mais sa trace restera hors de Sion
Puisqu'un jour il est né
Il nous a un temps transfigurés
Nous laissant sa croix comme symbole
Nous appelant à être juges ou jurés
Dans un tribunal où il a joué ce rôle
Il était peut-être plus qu'un prophète
Mort comme un homme, ou comme un Dieu
Même s'il avait toutes les facettes

Du chant divin mélodieux
Dis-moi !
Qui était Jésus ? un défenseur de la loi
Ou, pour notre humanité, une dernière issue ?

SAX

Apocryphes

(Extraits de la parole de Jésus)

Évangile de Thomas :

« Je vous donnerai ce que l'œil n'a pas vu,
Ce que l'oreille n'a pas entendu,
Ce que la main n'a pas touché,
Et ce qui n'est pas monté au cœur de l'homme »
(Discours à Jeunai)

Celui qui boit à ma bouche sera comme moi
Et moi aussi je serai comme lui,
Et ce qui est caché lui sera révélé
(Logion 108)

Je suis la Lumière qui les enveloppe tous.
Je suis le Tout, et le Tout est né de moi et le Tout retourne à moi.
Fendez le bois ; je suis là, soulevez la pierre, vous m'y trouverez.

Évangile de Judas

« Que connaissez-vous de moi ? En vérité, je vous le dis, nulle génération de ceux qui sont parmi vous ne me connaîtra ».
(Discours aux Disciples)

Jésus dit à Judas : viens, que je t'instruise des choses cachées que nul n'a jamais vues. Car il existe un Royaume grand et illimité, dont aucune génération d'anges n'a vu l'étendue et dans lequel il y a le grand Esprit invisible.

Citations

On trouve des sociétés qui n'ont ni science, ni art, ni philosophie, mais il n'y a jamais eu de sociétés sans religion.
Henri Bergson les deux sources de la morale et de la religion

Avant de prendre congé de ses hôtes, Dieu convint de la meilleure grâce du monde, qu'il n'existait pas !
Alphonse Allais le Courrier français

Seul Dieu parle bien de Dieu.
Saint Augustin

I

Quelque part en orbite autour de la Terre, dans la Voie lactée,
4 milliards 500 millions de l'année de la création du système
solaire
Qui sera appelée par les Terriens « année 0 »

Le conseiller Karlos MOMP se leva de son bureau, installé au 3ᵉ niveau du vaisseau Amiral de la Fédération galactique et s'avança vers le hublot panoramique situé sur sa droite ; il contempla, alors, le paysage qui s'offrait à lui : une planète bleutée et majestueuse comme suspendue dans l'espace avec des fils invisibles, La Terre ! la planète mère de laquelle ses ancêtres, à cause de leurs erreurs fatales, avaient été contraints de partir, des Millions d'années plus tôt.

Planète qui était devenue stérile à cause des stupidités qu'avait commises l'Humanité de cette période : avec des catastrophes naturelles engendrées par des guerres nucléaires qu'ils avaient, par une surestimation de leur ego, eux-mêmes déclenchées ; vitrifiant tout et en faisant disparaître progressivement l'eau contenue sur la planète.

Les survivants qui n'étaient que quelques millions avaient dû émigrer dans l'espace, afin de trouver une nouvelle planète oxygénée et carbonée dont les taux de ces éléments fondamentaux seraient compatibles avec la survie de l'espèce humaine.

Ils avaient pu accoster avec tous les animaux et les plantes terrestres sur ce nouveau paradis – baptisé Terre 2 – situé aux confins de la Voie lactée parce qu'ils maîtrisaient déjà à cette époque les techniques du voyage spatial et de l'hyper espace – et ils s'y étaient installés pendant 12 000 Millénaires en reconstruisant pas à pas une nouvelle civilisation calquée sur l'ancienne mais dégagée des terribles erreurs qui avaient provoqué cette transhumance.

Au fil des siècles, la nouvelle humanité avait grandement progressé et réussi à éradiquer pratiquement toutes les maladies agressives importantes en augmentant, de ce fait, l'espérance moyenne de vie des individus à 200 ans ; mais elle n'avait pas pu (encore) supprimer la mort ; et probablement qu'elle n'y arriverait jamais car la mort semblait être consubstantielle aux espèces vivantes en général et à l'espèce humaine en particulier ainsi qu'une limite ultime indépassable ! Et pour exorciser cette malédiction, les hommes nouveaux avaient développé tout un ensemble de techniques de vie qui alliaient à la fois le paranormal et les sciences exactes.

Tout cela était connu de MOMP, grâce au « grand livre d'histoire » écrit par les ancêtres et s'il réprouvait les erreurs du lointain passé, il ne pouvait cependant s'empêcher d'éprouver une certaine admiration pour les hommes de ce temps, qui avaient réussi cette énorme transhumance, en s'inspirant de textes anciens et avec des moyens techniques bien moins fiables que ceux dont disposait la Fédération aujourd'hui.

22

Cela avait dû être un travail titanesque en même temps qu'une aventure extraordinaire ! Et la réussite de cette aventure était à porter au crédit des ancêtres rachetant les erreurs de leurs prédécesseurs qui avaient conduit, jusqu'à eux, la terre dans l'abîme.

Mais, il savait aussi que la nouvelle humanité avait tiré les enseignements des anciennes erreurs et s'était organisée en fonction de celles-ci ; Les hommes avaient mis en place, sur la nouvelle planète, une société où les différences ethniques, religieuses ou philosophiques étaient totalement gommées, en s'appuyant sur une direction planétaire démocratique dirigée par des « sages élus » réunis dans un Souverain Collège dont MOMP était le premier Conseiller. C'est-à-dire une sorte de président dont les pouvoirs s'ils étaient importants, l'obligeaient cependant à rendre des comptes au Conseil.

En fait, il pouvait prendre beaucoup d'initiatives avec sa voix prépondérante dans les décisions, mais il devait appliquer aussi celles-ci une fois qu'elles avaient été prises par le Conseil et cela même s'il n'était pas toujours d'accord avec ces décisions. MOMP avait bien l'intention de changer tout cela en affirmant la prépondérance du premier Conseiller – c'est-à-dire lui-même pour le moment.

Il y avait cependant, parmi l'humanité nouvelle des « résistants au nouveau paradis » qui n'acceptaient peu ou pas cette uniformité paisible qui restreignait, pensaient-ils, l'esprit créateur de l'homme ; quelques-uns étaient même de vrais mystiques qui supportaient mal la philosophie molle que la société avait dû mettre en place pour survivre d'abord puis pour progresser ensuite.

Ces « asociaux » en majorité des philosophes, ou des intellectuels, n'étaient pas nombreux, mais leur « lobby » avait pris de l'importance ces dernières années et la Fédération, par prudence, avait été contrainte de les isoler du reste de l'humanité, en les enfermant dans une sorte de prison dorée, où ils pouvaient donner libre cours à leurs pensées ; ils avaient l'obligation cependant de fournir, chaque année, un rapport au Conseil sur l'état de leurs réflexions en vue d'améliorer intellectuellement et physiquement l'espèce et la société.

De ces rapports, étaient sorties de très bonnes choses, par exemple la possibilité de correspondre par voie télépathique sur de grandes distances, grâce à des « artefacts », calculés donnant les moyens de « faire des miracles » ; et de ramener, un individu une fois, à la vie après sa mort et cela pendant un maximum de six mois avant la rechute définitive.

Toutes les techniques mécaniques ou nucléaires étaient entièrement maîtrisées et tout semblait être arrivé, malgré quelques lacunes, à l'aboutissement final.

MOMP revint à son bureau et ouvrit un dossier sur son ordinateur/hologramme, qu'il se mit à compulser.

La fiche signalétique en 3D, qu'il avait devant les yeux, montrait un homme jeune âgé d'une trentaine d'années, barbu et de haute stature. En étudiant ce dossier, MOMP se demanda si son choix était le bon et si cet homme était bien en mesure d'accomplir la mission qu'il allait lui confier.

Mission délicate au demeurant car elle consistait à créer une nouvelle religion sur la Terre qui asservirait « dans la douceur » les peuples présents sur la planète, en les conditionnant mentalement et physiquement, dans le but qu'ils acceptent l'invasion future de la nouvelle humanité retournant vers la Terre Promise de leurs ancêtres.

L'époque actuelle de la Terre avait semblé propice pour atteindre ce but : la Nature avait peu à peu repris ses droits, l'atmosphère initiale s'était reconstituée permettant à nouveau la vie à toutes les espèces y compris l'humaine.

Ainsi, de grandes civilisations S'étaient implantées sur la planète avec un degré suffisant d'éducation permettant un accès à l'art, à la construction, aux jeux de l'esprit.

L'Empire romain, notamment aujourd'hui occupait une grande surface en l'a contrôlant depuis deux siècles avec une armée efficace. : ses Légions.

Mais, cet Empire, bien qu'à son apogée commençait à faiblir et tendait vers la décadence particulièrement dans la région appelée Palestine ; à cause de ses turpitudes en général mais confronté en particulier dans cette province à une religion juive qui semblait prête à faire sauter cette domination grâce à des principes figés mais bien plus profonds et philosophiques que la religion gréco-romaine.

La nouvelle religion prônée par la Fédération apporterait donc un sang nouveau propre à ensemencer les consciences juive et romaine faisant évoluer l'humanité terrestre tout en assurant le pouvoir à la Fédération.

Mais, il y avait aussi une caractéristique particulière qui touchait uniquement à la Fédération : il ne se passait pas un moment, en effet, où ses dirigeants n'envisageaient, un jour, de revenir sur la planète mère en conquérants pacifiques, certes, mais en conquérants tout de même.

Car la nouvelle humanité était furieusement en quête de ses racines !

Les satellites-espions qui sillonnaient la galaxie depuis des millénaires avaient signalé que la Terre semblait avoir retrouvé progressivement son intégrité d'antan et que l'homme depuis 2 millions d'années avait subi le processus universel de la vie et de ce fait avait reparu sur terre.

ET, que la Rose simple et le Coquelicot avaient refleuri sur la TERRE !

Ces mêmes satellites avaient détecté aussi que depuis environ 30 000 ans des sociétés humaines groupées s'étaient reconstituées et qu'elles occupaient une grande partie des terres émergées et que même récemment, des civilisations organisées et puissantes semblaient diriger ces espaces.

Des visites anonymes fréquentes au fil des temps avaient permis d'étudier de près l'humanité de la Terre et de conclure qu'elle était très proche de celle de MOMP, tant le processus de la naissance de la vie était universel ; car il semblait toujours repasser par les mêmes phases déjà connues de reconstruction.

Après de nombreuses discussions au sein du Conseil un consensus avait été trouvé, et il avait été décidé d'attendre l'époque où l'humanité terrestre aurait la culture nécessaire qui lui permettrait de recevoir le message de la Fédération et d'en tirer tous les profits.

Le Conseil avait estimé que cet « âge » était atteint aujourd'hui et il avait donc programmé, sur l'initiative de MOMP, la mission « RÉSURECTION ».

MOMP effleura une surface en sur -brillance située à la droite de son bureau, un garde en uniforme de secrétaire entra dans le bureau.
— Vous m'avez appelé Conseiller ?
— Oui Cora, Resouscris est-il arrivé ?
— Oui, il attend sur le parvis.
— Faites-le entrer maintenant.

II

Un homme ressemblant en tous points à la photo tridimensionnelle de la fiche signalétique pénétra dans le bureau.

— Bonjour, Resouscris, asseyez-vous, je vous prie

— Bonjour Conseiller, merci.

— Avez-vous étudié le dossier qui vous a été transmis et pensez-vous pouvoir remplir la mission ?

— Oui, j'ai étudié ce dossier mais avant de vous donner une réponse, je souhaiterais avoir de plus amples informations ; car il me semble qu'il est un peu succinct.

— Ah ! je reconnais bien là la déformation intellectuelle qui vous a valu votre isolement autrefois ; mais vous avez raison, il est volontairement incomplet car je suis là pour répondre plus précisément aux questions que vous vous posez.

— Avant toute chose, je vous précise que le Conseil estime que, du fait de vos convictions philosophiques, vous êtes le candidat le plus à même de réussir Résurrection.

— Peut-être, mais comme je vais être projeté dans un environnement a priori hostile en étant seul, il me semble que j'ai droit à quelques explications.

— En effet, vous ne pourrez compter que sur vous-même et ne pourrez communiquer avec nous que pour la présentation de vos rapports ou si votre intégrité physique ou même votre vie étaient menacées.

— Comptez sur moi dans ce cas pour appeler au secours !

— Bien ; voici ce que nous savons sur les contours de votre mission :

Vous allez être projeté dans un endroit que les terriens appellent Palestine situé sur les bords Sud-Est d'une mer nommée Méditerranée.

Dans cette région, parmi l'éventail d'ethnies très différentes, deux peuples sont majoritaires. Les Romains qui occupent militairement la région qu'ils considèrent comme une petite partie de leur vaste empire, et les Hébreux, qui se nomment eux-mêmes les Juifs.

Ces derniers – les Juifs – possèdent une culture bien plus ancienne que celle des Romains, puisqu'elle émane d'une civilisation égyptienne aujourd'hui en décadence et également soumise à Rome, comme la plupart des nations terrestres ; ces Juifs professent en outre une religion monothéiste beaucoup plus intellectuelle et spirituelle que celle des Romains qui est, elle, polythéiste.

En général, les Romains sont assez indulgents avec des religions différentes de la leur pourvu que celles-ci n'interfèrent pas dans la gestion sociale et militaire de leur empire. Mais il se trouve que justement, les Juifs mettent en cause l'organisation et la gestion du monde que les Romains imposent militairement.

Ils se souviennent notamment que jadis, leur nation était puissante, crée grâce une icône fondatrice, un homme venu de la Mésopotamie proche qui se nommait Abraham, avec des patriarches, des prophètes dont les paroles ont produit par la suite de nombreux écrits, avec aussi un refondateur égyptien appelé Moïse ; et aussi des Rois puissants comme David ou son fils Salomon ; c'est d'ailleurs ce dernier qui a fait construire un temple à la gloire de leur Dieu ; construction architecturale magnifique et qui est toujours debout aujourd'hui dans leur capitale Jérusalem.

Leur religion s'appuie sur une tradition orale formalisée et écrite précédemment sous leur roi Josias, pour des raisons patriotiques ayant pour but de cimenter la nation qui devait s'opposer, alors, à une tentative d'invasion d'un autre peuple voisin, les Babyloniens.

Cet ensemble de coutumes seulement orales avait été retranscrit et rassemblé dans un certain nombre de parchemins en peau qui ont pour nom la THORA (la Loi).

Il y a aussi une différence notable entre les deux religions ; les romains, comme beaucoup de peuples avant eux ont de nombreuses représentations – peintures ou sculptures – de leurs dieux ; les juifs s'*interdisent* toute représentation divine qu'elle soit graphique ou sculptée ; pour eux, seule compte la Lecture et l'approfondissement de la LOI.

Inutile de vous dire que de nombreux conflits sociaux et religieux, éclatent entre les Juifs et les Romains ! les Juifs s'estimant, avec raison, bien supérieurs spirituellement aux envahisseurs, même si ces derniers ont la prédominance militaire actuellement.

C'est pour cette raison de supériorité spirituelle, entre autres, que vous serez implanté dans le milieu juif.

— Je suis d'accord, mais avant mon implantation, je dois approfondir cette religion qui me semble, en effet, complexe, afin de pouvoir m'intégrer plus facilement.

— Vous avez dans le dossier toutes les informations utiles, apprenez par cœur les écrits de la Thora notamment ceux des prophètes ; vous devez être capable d'assimiler totalement tous les livres fondamentaux : la Genèse, le Lévitique, les Nombres, les Juges, les Rois, etc.. Pour la formation de la nation juive, les livres de Josué et le livre des Maccabées vous seront utiles et pour la religion les livres de la Sagesse et l'Ecclésiastique ainsi que ceux des prophètes Daniel, Isaïe ou Ezéchiel sont indispensables.

En plus dans le livre des Chroniques il est fait mention que le prophète Élie qui vivait du temps de Salomon, aurait annoncé son retour prochain comme Messie – terme qui veut dire entre autres Sauveur – ; ce qui est profitable à votre mission car vous pouvez faire croire au peuple que vous êtes ce prophète revenu sur terre pour accomplir son destin.

En principe, vous avez la capacité intellectuelle pour assimiler tout cela mais vous pouvez aussi vous faire aider par notre laser cervical en cas de problèmes.

— Je pense en effet que le laser me sera utile compte tenu de la difficulté à appréhender correctement cette tradition.

— En fait, il y a plus ; il y a une trentaine d'années, 33 pour être précis, un phénomène curieux est survenu dans une famille juive habitant Nazareth, une ville de la province de Galilée au nord de Jérusalem.

Un enfant serait né sous le nom de Jésus. Il n'y a rien de remarquable à cela si ce n'est que la mère de cet enfant – Marie (Myriam) a toujours dit que cet enfant était un cadeau direct de leur Dieu et que sa conception notamment était d'origine divine.

Ce genre d'affirmation dans ce pays – est considérée comme hérétique – et peut conduire à la mort par lapidation de celle ou de celui qui l'aurait proférée.

Juste avant sa naissance, les futurs parents de Jésus avaient dû se soumettre au recensement de l'Empire décrété par les Romains ; et pour se faire le légat de Syrie (une province voisine), Quirinus vint en Judée pour continuer ce recensement commencé en Syrie par le procurateur Sabinus.

La loi romaine précisait que les familles devaient regagner le lieu d'origine du chef de famille pour être recensées.

Joseph l'époux de Marie étant originaire de la Judée et de la lignée de David, partit donc avec Marie pour le recensement à Bethléem la ville attribuée à ce roi, située au sud de Jérusalem.

Mais Marie était sur le point d'accoucher et Joseph dut trouver un endroit propice en dehors de la ville, les Hôtels étant complets à cause du recensement.

La légende dorée instituée par la suite par la famille précisait que Marie avait accouché dans une étable et que des personnages importants seraient venus de régions lointaines pour saluer cette naissance nouvelle ; Jésus étant considéré par les personnages comme « le nouveau roi » ; et comme ils racontaient qu'ils avaient suivi une étoile qui les avait amenés à Bethléem, ils considéraient donc cette naissance comme ayant également une origine divine.

C'est probablement une histoire inventée de toute pièce, mais elle a inquiété suffisamment leur roi d'alors – Hérode dit : « le grand » (nommé par les Romains) – qui prudemment fit massacrer les premiers nés de son royaume !

Avertis, on ne sait comment, les parents ont pu fuir vers un pays voisin, l'Égypte.

Quand tout sembla apaisé, ils revinrent secrètement en Galilée et s'établirent à Nazareth où Jésus continua de grandir, apparemment sauvé de la vindicte d'Hérode.

Mais l'histoire ne s'arrête pas là ! Jésus était incontestablement très différent des autres enfants, il parlait souvent par paraboles sur des sujets très savants pour son âge et qui avaient toujours trait à la loi religieuse juive dont il montrait, semble-t-il, une grande connaissance.

Ainsi lorsqu'il avait une douzaine d'années, sa famille, comme chaque année, descendit au Temple à Jérusalem pour fêter la Pâque (il s'agit d'une fête religieuse qui commémore, entre autres, la sortie d'Égypte des Hébreux vers la terre de Canaan, au temps de Moïse).

— J'ai vu cet épisode, en effet, dit Resouscris ; bien qu'il soit très bien expliqué dans un des livres, il me semble que l'histoire a été embellie, comme toujours dans un texte partisan.

— Très juste, mon ami, par exemple il n'existe aucun texte égyptien qui parle de cet exode et nous savons que les Égyptiens ont toujours été prolixes dans la retransmission des évènements ; mais voyons la suite car elle est intéressante pour votre mission.

Pendant que ses parents se promenaient autour du Temple, ils s'aperçurent de l'absence de Jésus ; après de longues recherches, ils le trouvèrent enfin, après trois jours ; il était à l'intérieur de la salle des prêtres, en train de discuter avec les « docteurs de la Loi » sur la signification des paroles d'Élie (ce prophète qui vivait au temps de Salomon) et sur la validité d'un retour prochain d'un Messie pour le peuple juif : il avait l'air d'en remontrer aux religieux présents, qui s'étonnaient, compte tenu de son jeune âge, de sa connaissance et des remarques pertinentes qu'il formulait au sujet de la Loi.

Marie et Joseph, heureux de l'avoir retrouvé, le réprimandèrent vertement toutefois sur son absence, qui les avait affolés. Jésus parut étonné de cet affolement et dit posément :

Pourquoi cette peur ne savez-vous pas que je me dois aux affaires de mon père et qu'il m'a envoyé ici pour cela ?

Ni Marie ni Joseph ne comprirent, sur l'instant, ce qu'il voulait dire et reprenant l'enfant avec eux, heureux de l'avoir retrouvé, ils repartirent vers Nazareth.

Et c'est pendant ce voyage de retour, à mi-chemin sans doute que Jésus disparut totalement ; soit qu'il ait été enlevé, soit qu'il soit mort de maladie – maladie que nous n'avons pu déterminer – en tout cas, ses parents ne revirent jamais Jésus et fous de chagrin, ils le considérèrent comme mort.

À noter qu'il avait dit à sa mère, au début du voyage de retour : *je reviendrais.*

— Je voudrais vous poser une question, dit Resouscris ; comment savez-vous tout cela et pourquoi vous êtes-vous intéressé particulièrement à cette famille ?

— Eh bien c'est la relation de la visite de Jésus au temple notée sur un document d'archives qui a attiré notre attention. Vous savez que nos pouvoirs permettent d'entrer dans les consciences et dans les rêves des individus ; c'est ce que nous avons fait pour Marie et Joseph et cela nous a permis de

34

connaître leurs pensées ainsi que l'histoire de Jésus – et nous avons trouvé dans cette histoire une bonne base et un bon angle d'attaque pour construire notre histoire et préparer la mission.

— Ne me parlez pas de ces pouvoirs, j'en ai été la victime récemment et je connais leur redoutable efficacité !

— Voyons Resouscris, vous savez bien qu'ils sont employés uniquement que s'il s'avère nécessaire de connaître la vérité et sans intention d'interférer dans la conscience du sujet pour la transformer ; il ne s'agit donc que d'information et non de captation.

— Peut-être mais il peut y avoir des dérives.

— Il y en a eu, c'est vrai, dans le passé, mais, à l'inverse de nos ancêtres quand ils étaient encore sur la Terre, nous nous efforçons, nous, de rectifier sans cesse nos erreurs.

Revenons si vous le voulez bien à votre mission.

Nous savons donc par ces pénétrations mentales que Marie n'accepte pas la disparition de Jésus et que sa douleur reste totale, ce qui la rend fragile spirituellement.

Votre connaissance de la vie de l'enfant, de ses exploits religieux et l'affirmation qu'il a faite de son retour ; tout cela vous permettra de vous faire passer pour lui et d'accomplir votre mission.

Marie sera donc la première personne que vous devrez convaincre, puis ensuite son époux Joseph qui est mourant actuellement ; mais nous lui avons implanté dans la conscience un rêve lui annonçant votre retour et des caractéristiques divines de celui-ci. Si vous arrivez à convaincre les deux parents, la suite sera bien assurée.

— Bien, je pense réussir, mais cela m'amène à une autre question : de quels moyens matériels pourrais-je disposer ?

— Vous aurez tous ceux qui vous seront nécessaires : par exemple ceux de l'illusion comme la lévitation apparente, la réalisation de miracles ou la possibilité d'apparaître à plusieurs endroits en même temps. De plus, vous serez en mesure de guérir instantanément toutes les maladies grâce à votre kit de survie et même ressusciter les morts mais seulement pendant quelques mois.

Après votre reconnaissance par les parents de Jésus, vous devrez vous rendre sur le fleuve Jourdain où un ermite sauvage nommé Jean pratique auprès de volontaires, un rite curieux de lustration appelé baptême, d'où son surnom de Jean le baptiste.

— Ce personnage affirme, parce que nous avons implanté dans son cerveau cette idée, qu'il n'est pas lui-même le Messie mais seulement le précurseur, celui que leur Dieu a choisi pour ouvrir la voie au Messie.

— À noter qu'il serait né la même année que Jésus.

— Cet homme est très convaincant et semble avoir l'oreille de beaucoup de Juifs du petit peuple. C'est donc auprès de lui que vous pourrez être spirituellement reconnu ; employez pour cela, par exemple, les moyens d'illusion.

— Cette deuxième reconnaissance est peut-être la plus importante pour la réussite de votre mission.

— J'en ai bien conscience Conseiller et j'apporterais toute ma science pour réussir ce rendez-vous, en effet, fondamental.

— J'en suis sûr Resouscris, une dernière chose encore ; pour mener à bien cette mission – qui je vous le rappelle n'est rien moins que de créer une nouvelle religion qui permettra notre retour sur la Terre –, vous devrez peut-être constituer une équipe qui vous accompagnera partout et facilitera votre insertion parmi le peuple Juif.

— Des disciples en quelque sorte. !

— Tout à fait ; il va sans dire que les membres de cette équipe ne seront pas au courant du but véritable de votre mission ni ne devront connaître le lieu d'où vous venez vraiment.

Avez-vous d'autres questions ?

— Je ne crois pas, en tout cas, pas dans l'immédiat, mais peut-être en aurai-je après mon passage au laser cervical ; en tout cas, je retiens votre idée de disciples.

— Je pense en effet que cela vous sera utile ; pour le laser, allez-y maintenant, cela ne devrait pas être très long car vous semblez avoir bien assimilé le dossier.

— Merci mais par prudence, je préfère quand même faire ce contrôle.

— Parfait, Resouscris, je vous reverrai avant votre départ.

Resouscris se leva et sortit du bureau.

MOMP repassa en mémoire les différentes phases de l'entretien et s'en trouva assez satisfait.

De toute façon, les choses étaient maintenant lancées et même si Resouscris échouait dans sa mission, il serait toujours temps de l'éliminer du système ! mais, s'il réussissait, la Fédération possédera, alors, une tête de pont suffisante pour entamer un retour sur Terre, tant souhaité par la nouvelle humanité.

Car la nouvelle Religion grâce à ses principes altruistes universels, montrera aux Terriens l'immensité du Cosmos et qu'ils ne sont pas seuls dans son sein ; l'accueil de leurs frères venus de l'espace devrait en être facilité.

Sur ces pensées réconfortantes, il regagna son appartement situé au niveau supérieur du vaisseau.

Après 3 heures passées au laser cervical et avoir reçu les dernières recommandations de MOMP et pris les différents matériels indispensables notamment une robe en laine longue que lui avait imposée MOMP sans lui donner d'explication, Resouscris s'achemina vers le port spatial du vaisseau et pénétra dans la capsule qui allait le déposer secrètement sur Terre.

III

Nazareth en Galilée
Place centrale du puits…

Marie releva avec difficulté le seau rempli d'eau. À près de 45 ans, elle constatait qu'elle avait perdu la force de sa jeunesse mais pas uniquement à cause de la fragilité normale qui vient à tous les individus avec l'âge ; Non ! Surtout parce que Marie portait en elle une grande douleur qui ajoutait de la fragilité à la fragilité.

De cette douleur, elle était inconsolable ! Et comme toutes les mères qui ont perdu un jeune enfant, sa vie, croyait-elle, n'avait plus beaucoup de sens.

Sa foi dans la Loi était aussi très entamée, car elle ne comprenait pas et surtout ne l'acceptait pas ce malheur que lui avait imposé Dieu, alors qu'elle savait profondément que c'était lui qui avait voulu et accompli l'incarnation de son fils Jésus.

Pourquoi le lui avait-il repris à douze ans alors qu'il était au printemps de sa vie ? Une vie qui semblait pourtant prometteuse et pleine de félicités à venir !

Les paroles des Rabbis qui disaient « Dieu donne et Dieu reprend ou les voies du Seigneur sont impénétrables » étaient loin de la consoler et avec l'âge, Marie se prenait à douter pour la première fois de son Dieu.

Bien évidemment, elle gardait au fond de son cœur ces pensées « hérétiques » sans en parler surtout à Joseph car en tant que Juif orthodoxe, il n'aurait pas été d'accord et n'aurait pu la sauver de la lapidation si ces pensées étaient connues des Prêtres ou du peuple.

Il n'en restait pas moins vrai que sa fêlure spirituelle ne faisait que s'agrandir ! Mais comme elle était affublée d'un incommensurable amour maternel, elle s'était plus ou moins consolée de la perte de Jésus en reportant cet amour sur Jacques le fils de Zébédée et ceux qui la croisaient à Nazareth disaient d'elle : *voici Marie, la mère de Jacques !*

En se retournant pour soulever le seau, elle vit un homme jeune qui la regardait intensément ; elle lui dit :

— N'ayez crainte étranger, il reste encore suffisamment d'eau dans le puits pour remplir votre gourde !

Resouscris répondit :

— Merci mais j'ai suffisamment d'eau, car il se trouve que je porte en moi une source qui me désaltère en permanence.

— Eh bien voici une disposition bien pratique dans ces temps de sécheresse comme nous avons par ici, dit-elle malicieusement. D'où venez-vous étranger ?

— Je viens de très loin et spécialement pour te voir Marie.

— Pour me voir ! Mais je ne vous connais pas.

— Nous serions-nous rencontrés en d'autres lieux, en Égypte par exemple, j'ai dû m'y réfugier pendant un temps de ma vie ?

— Est-ce de ce lieu que vous venez et comment savez-vous mon nom ?

— Je viens de beaucoup plus loin que l'Égypte, en fait je viens du ciel et je m'appelle Jésus et je suis ton fils revenu sur terre pour accomplir la prophétie d'Élie qui est l'œuvre de Dieu, mon père.

La stupéfaction se peignit sur le visage de Marie !

— Ce n'est pas très charitable étranger ; il est vrai que j'ai perdu il y a vingt ans maintenant un enfant qui s'appelait Jésus en effet. Bien que nous n'ayons pas retrouvé son corps à l'époque, nous avons dû, mon mari et moi nous rendre à l'évidence, hélas, de sa mort.

— On a dû vous raconter cette malheureuse histoire tragique et vous essayez d'en tirer un profit quelconque en abusant d'une mère inconsolable ! Non vraiment vous n'êtes pas charitable pour accentuer ainsi ma douleur.

— Femme incroyante et aveugle qui ne reconnaît pas son fils !

— Je suis bien ton Jésus revenu d'entre les morts par la volonté de Dieu pour accomplir son œuvre nouvelle dans ce monde.

— Mais comme je te vois septique, je vais te raconter ce que notre famille a fait dans le passé, jusqu'au temps de mes douze ans et alors tu verras que je dis la vérité.

Et Resouscris se mit à relater tous les évènements contenus dans le dossier de MOMP :

La fuite en Égypte pour échapper aux tueurs d'Hérode, sa naissance près de Bethléem, la visite des Mages étrangers, la Pâque à Jérusalem, ses dissertations avec les Docteurs de la Loi et sa disparition pendant le voyage de retour à Nazareth ; tout en remerciant dans son for intérieur l'excellence du dossier qu'il avait étudié.

Le visage de Marie se transformait à mesure du récit que faisait Resouscris et une espérance folle bien qu'irrationnelle commençait à envahir son esprit.

Cependant, elle ne voulut pas que cet étranger s'aperçoive de son trouble et prit sur elle pour sembler indifférente.

— C'est une belle histoire Étranger, mais elle ne prouve pas que tu sois celui que tu prétends être.

— Je vais donc te dire une chose qui n'est connue que de toi et de Jésus ; pendant notre voyage de retour, juste avant ma disparition j'ai dit une parole que tu as été seule à entendre, t'en souviens-tu ?

— Jésus m'a dit en effet une parole en ce funeste jour et comme nous étions seuls à ce moment, personne n'a pu effectivement l'entendre. Quelle était cette parole étrangère on verra bien où est la vérité.

— Mère je t'ai dit alors : *je reviendrais !*

En entendant la citation de Resouscris, qui était bien ce que son enfant lui avait dit à l'époque, Marie sentit battre son cœur et l'espérance du retour de Jésus à travers cet homme commença à faire son chemin dans son esprit.

Pourtant, un reste de suspicion freinait encore son enthousiasme.

Jamais on avait vu dans ce monde, un défunt revenir du royaume des morts pour enseigner et discourir avec les vivants ; d'un autre côté, Marie ne croyait pas aux fantômes. Elle décida de poursuivre son enquête et dit :

— Je ne comprends pas pourquoi Dieu m'a enlevé Jésus pour le faire revenir vingt ans plus tard ni quel est son but.

— Femme, Dieu peut tout, tu le sais, et les temps n'étaient pas venus quand j'avais douze ans. Par contre, j'ai posé, à l'époque, les bases spirituelles, du ministère que je dois accomplir aujourd'hui.

— Et quel est donc ce ministère ?

— Dieu a voulu s'incarner dans l'homme et t'a choisi comme vecteur et je suis le produit de cette incarnation.

— Tout en étant le fils de l'homme, je suis tout autant le fils de Dieu et je siège à sa droite dans le paradis ! Il a fait que je revienne dans ce monde pour annoncer à tous les peuples de la terre, et pas seulement au peuple juif, qu'ils sont tous ses enfants et qu'ils seront sauvés de leurs péchés par ma venue et mon sacrifice terrestre.

— Voilà quel est mon ministère ! Je viens après Moïse, sceller une nouvelle alliance de tous les peuples avec Dieu.

Resouscris était assez satisfait de son discours et de sa trouvaille du « fils de Dieu » ; même si ce faisant il extrapolait un peu les éléments du dossier, il voyait bien que Marie n'y était pas insensible.

— Vous blasphémez étranger, dit Marie, car c'est avec seulement notre peuple – le peuple juif – que Dieu a fait alliance au travers de Moïse. C'est la loi qui le dit et contredire la Loi, c'est un blasphème !

— Mère, de même que Moïse n'a pu pénétrer dans la terre promise, de même je ne pourrais en sortir que ressuscité.

Moïse était la première étape, je suis la deuxième et la dernière alliance avec le divin, mais cette alliance touchera désormais tous les peuples.

— Si ce que vous dites est vrai, pourquoi êtes-vous venu d'abord ici au lieu du Temple à Jérusalem ?

— Qu'y va-t-il de plus naturel qu'un fils visite en priorité ses parents et d'abord sa mère ? Je dois voir aussi mon père terrestre avant sa mort qui est prochaine malheureusement.

— Comment savez-vous qu'il est mourant ?

— Mère n'as-tu pas compris qui je suis et que je sais tout sur toutes choses et que Dieu guide mes pas ! Amène-moi auprès de Joseph, lui me reconnaîtra.

Devant cette force de persuasion que manifestait l'étranger, Marie à moitié convaincue maintenant lui fit signe de la suivre dans sa maison qui était proche de la place du puits.

Ils cheminèrent ainsi tranquillement – Resouscris portant le seau d'eau – et entrèrent dans une petite maison basse. À l'intérieur, une lampe à huile éclairait faiblement un grabat sur lequel un vieillard était allongé, semblant souffrir.

— Joseph mon époux dit Marie voici un étranger qui prétend être notre fils Jésus revenu du royaume des morts.

— Joseph se souleva légèrement et dit : Marie, Dieu m'a parlé dans mon sommeil, celui-ci est bien Jésus notre fils revenu dans ce monde pour accomplir l'œuvre de Dieu et nous devons l'aider – ou plutôt c'est toi qui devras l'aider car le Seigneur va me rappeler à lui prochainement ; est-ce vrai Jésus ?

Resouscris apprécia le pouvoir de suggestion de la Fédération qui avait implanté dans l'esprit du vieillard le rêve qui annonçait et légitimait sa venue ; s'approchant du grabat il dit : *Père chéri comme il est vrai que Dieu existe, il est vrai aussi qu'il te rappellera dans son paradis ce jour 26 d'epiphi ; mais n'aie pas peur, ta place à sa droite est réservée depuis toujours !*

— Je le sais dit Joseph, mais la peur ne me quitte pas pourtant malgré ma foi et surtout, je regrette de ne pouvoir t'accompagner pour la suite de ton ministère.

— Dieu donne et Dieu reprend dit Resouscris et tu as soldé ta dette envers lui et rempli cette mission sacrée en acceptant d'être mon père terrestre vis-à-vis des gens de l'extérieur.

— Prends ma main, mon fils, l'heure est là et j'aperçois déjà l'Amenti qui va m'emmener !

Resouscris lui prit les mains dans les siennes et murmura les paroles du psaume de David « bénis Yahvé, mon âme… ».

Joseph qui s'était « comme préservé » dans l'attente de cette entrevue, poussa, alors un grand soupir et mourut. Resouscris lui ferma les yeux et s'adressa ainsi à Marie en larmes :

— *Ô Mère où sont tous les travaux de menuiserie et de charpente qu'il a faits depuis qu'il est charpentier ?*

Étouffant un sanglot, Marie répondit :

— Ils sont dispersés à plusieurs endroits de cette ville et dans d'autres, pourquoi ?

— Sont-ils solides ?

— Oui, très solides dit-elle en larmes, car mon époux Joseph était non seulement un homme juste et bon mais aussi un bon charpentier ; mais pourquoi s'intéresser à cela maintenant alors qu'il vient de rendre son âme à Dieu, me laissant seule désormais ?

— Eh bien parce qu'ils représentent – ces travaux – la mémoire palpable qui doit nous rester de Joseph et en ce sens, tant que nous vivrons, cette mémoire est éternelle.

Resouscris se releva, pointa son index droit vers le ciel et dit :

— *Voici un enseignement divin : tant que nous nous souvenons d'un être ou d'une chose, il ou elle devient éternel à notre seule mémoire !*

— *Ainsi il en est des pyramides d'Égypte justifiées par Moïse et ainsi il en est de Joseph justifié par notre Seigneur QUI EST le sommet de notre propre pyramide ;*

— *Comprends-tu Mère ?* comprends-tu aussi que tu n'es pas seule et qu'avec moi tu participes au dessein divin ?

— Je ne sais pas, c'est tellement incroyable ! Pourtant au moment de la conception de Jésus, il y a trente années, j'avais bien l'impression que Dieu m'avait fait ce cadeau car Joseph n'avait pas été à l'origine de cette conception, du moins je ne m'en souviens pas.

— Si Mère c'est bien Joseph, *mon père chéri, ici présent dans le silence de la mort* qui t'a fécondée, à l'époque, seulement Dieu s'était incarné en lui et sa semence divine m'a incarnée à mon tour ; c'est pourquoi si je n'ai qu'un père véritable, deux entités sont responsables de ma naissance, une divine et une terrestre. Et toi tu as été choisie pour porter cette chose extraordinaire qui est devenue : MOI !

— Pourquoi ai-je été choisie ? Je ne suis ni plus croyante ni plus respectable que les autres femmes de notre peuple et j'en connais même certaines qui auraient mérité, bien plus que moi, d'être choisies.

— *En vérité*, je ne sais pas pourquoi notre Seigneur t'a choisi, je sais seulement que cela EST et que nous devons en tenir compte et accomplir notre destinée, quelle qu'en soit la difficulté.

— Nous allons maintenant devoir accompagner notre Joseph au tombeau ; il sera couché près de son père Jacob ; et après ses obsèques, je dois me rendre sur le Jourdain en Judée, pour rencontrer Jean ; tels sont les ordres divins.

— Celui que l'on appelle « le baptiste » — le fils de Zacharie et d'Elizabeth, ma parente ?

— En effet, celui-là même. Sais-tu qu'il est né la même année que moi et qu'il m'a précédé de quelques mois ? Et je dois, pour commencer mon ministère me faire reconnaître de lui avant toute chose.

— Je ne comprends pas très bien pourquoi dit Marie, mais je sais aussi que Jean n'est pas apprécié du pouvoir à Jérusalem notamment du roi actuel, désigné par les Romains, Hérode Antipas celui qui a succédé à son frère Archélaos, tous deux fils de cet Hérode qui a failli détruire notre famille.

— Tous les justes ne sont pas acceptés dans ce monde et particulièrement ici.

— *En vérité, je te le dis,* La fin douloureuse de Jean est proche mais il doit avant tout aplanir le sentier de Dieu. Car je dois marcher sur la route préparée pour moi et Jean en a posé les premiers pavés. Cette première voie sera sereine, mais la dernière sera peut-être douloureuse, je le pressens.

Resouscris et Marie s'occupèrent alors, avec « les hommes de la mort, préposés aux funérailles » de conduire Joseph à sa dernière demeure où il sera couché auprès de son père.

Une fois accomplie cette action sacrée, ils se mirent en route pour la Judée. Et quittèrent la Galilée, par la route du Jourdain qui traversait la Samarie.

IV

Quelque part sur la rive ouest du Jourdain, lieu dit Aenon...

Une foule importante attendait son tour de passer dans le fleuve, où un homme barbu et hirsute immergeait un par un les individus en leur disant : *je vous baptise aujourd'hui avec l'eau pour le repentir, mais celui qui vient après moi vous baptisera, lui, dans l'Esprit saint et le feu et je ne suis pas digne de dénouer la sangle de ses sandales !* – il fera la moisson de vos âmes en recueillant son blé dans vos greniers et brûlera votre paille au feu qui ne s'éteint pas.

Repentez-vous ! repentez-vous ! Et préparez-vous à sa venue.

Resouscris enclencha secrètement par le procédé qu'il connaissait bien, l'illusion de lévitation et s'approcha de Jean, en ignorant la queue formée par le peuple ; et avec une voix profonde, lui demanda de le baptiser. Jean qui le voyait venir devant lui en état d'apesanteur comme s'il marchait sur un tapis invisible au-dessus du sol et qui sentait son cœur battre précipitamment refusa en disant :

— *C'est moi qui ai besoin d'être baptisé par toi !*

Resouscris lui fit une réponse qui lui sembla la plus appropriée aux circonstances :

48

— Laisse faire, pour l'instant, nous devons accomplir l'écriture et tu sais que je suis revenu pour cela et que mon ministère ne commencera vraiment qu'après ce rite qui t'a été commandé par Dieu lui-même.

La Fédération avait en effet pénétré dans le sommeil de Jean depuis plusieurs mois en instillant en lui cette volonté et cette annonce de la venue de Resouscris et de son importance vis-à-vis du monde.

En voyant la réalisation de ses pensées intimes les plus secrètes, Jean en s'inclinant fit signe à Resouscris de s'approcher de l'eau ; une fois celui-ci immergé jusqu'à la taille, il fit couler de l'eau sur sa tête en disant :

— Je te baptise aujourd'hui pour que tu puisses le faire à ton tour, demain !

C'étaient les paroles exactes qui avaient été implantées dans son esprit par la Fédération.

À ces mots, un coup de tonnerre claqua dans le ciel et une voix profonde s'éleva en disant :

— Celui-ci est mon fils bien aimé et il a toute ma faveur.

Resouscris, en sortant de l'eau, déconnecta les deux illusions – la lévitation et la voix off – et se tournant vers Marie, il dit :

— Mère, je dois maintenant me retirer dans le désert afin d'entendre les derniers commandements de Dieu pour la suite de mon ministère, j'y resterai le temps nécessaire mais pendant ce temps, retourne en Galilée et attends-moi à Capharnaüm ou je devrai me rendre pour trouver les disciples qui m'accompagneront à l'avenir.

Marie, encore à peine convaincue, répondit : si tu es BIEN mon fils Jésus pourquoi dois – tu déjà me quitter alors que tu viens seulement de m'être rendu par Dieu ? Comment pourrai-je comprendre tous ces évènements qui marquent terriblement ma vie, hier comme aujourd'hui ?

— Mère, je ne puis encore tout expliquer, mais tu as vu ce qui s'est passé pendant mon baptême, tu as entendu la voix divine qui me désignait comme *son fils bien-aimé* ; Faudra-t-il constamment te convaincre ? Je n'ai pas le loisir de le faire car mon temps m'est compté ; Crois-moi simplement, je t'assure que je suis bien le vecteur de la main de Dieu, revenu de par son ordre exprès sur terre pour accomplir son œuvre nouvelle.

Marie, de plus en plus troublée ne put que répéter : *je suis la servante du Seigneur !*

Resouscris l'embrassa et remontant vers le Nord, traversa le fleuve au premier gué et se dirigea – plein est – vers le désert.

V

Une fois seul, il sortit le GPS galactique que MOMP lui avait donné et formata les coordonnées de la station secrète que la Fédération avait enfouie en plein désert, pour y faire son premier rapport.

Le GPS lui donna les coordonnées d'une source proche de la mer morte, au pied de ravins comportant de nombreuses grottes, appelée par le GPS : *Ain Fesskât.*

Une fois arrivé à la source, qui coulait au milieu d'un environnement aride, il se mit en quête de trouver la grotte que le GPS lui indiquait comme « grotte de Ben Accar » ;

Resouscris savait, grâce au dossier qu'il avait lu sur le vaisseau, qu'au temps de Salomon, il s'était passé dans cette grotte un règlement de compte entre des individus hostiles au Roi qui contestaient la validité d'un édifice représentant « indirectement » avec le rideau du Saint des Saints une image concrète et non spirituelle de Dieu ; ce qui était évidemment contraire aux canons juifs.

Salomon avait beau dire que c'était à son père – le Roi David – que Dieu avait commandé l'érection de ce Temple, ne lui réservant à lui-même que la réalisation technique, il y avait eu parmi les ouvriers du chantier de nombreux troubles concernant les problèmes de salaire notamment.

Trois ouvriers plus radicaux que les autres avaient même assassiné le maître d'ouvrage du temple et s'étaient enfuis dans le désert.
Ils avaient été rattrapés dans cette grotte et proprement exécutés par le commando envoyé à leur poursuite par Salomon.

La Fédération avait estimé que le lieu était propice pour y installer l'émetteur galactique qui permettrait à Resouscris de communiquer avec elle.

En fait, c'était un simple contrôle, car la Fédération était parfaitement au courant des évènements grâce à la robe imposée par MOMP à Resouscris, laquelle était une véritable caméra ; son tissu ayant été imprégné de photons.

Mais Resouscris n'était évidemment pas au courant de cette propriété.

Après avoir tourné assez longtemps dans ces lieux désolés, le GPS Galactique le conduisit sur le seuil d'une grotte assez grande pour qu'un homme debout puisse y entrer.

Une fois à l'intérieur, Resouscris s'aperçut que la grotte, par sa profondeur, était plutôt une caverne.

En dirigeant le faisceau du GPS sur le centre du mur de l'Est, il obtint un point lumineux clignotant vers lequel il se dirigea.

Une sorte de plaque plane se découvrit et bougea lorsque Resouscris appuya fortement sur son centre faisant apparaître une sorte de boule de cristal extrêmement lumineuse.

Resouscris entoura la boule de ses mains et dit : *Resouscris erra t (Resouscris appelle)*

Presque aussitôt, l'image de MOMP apparut.

— Je suis là Resouscris, comment se passent les choses ?

— Bien, je crois Conseiller, il me semble que j'ai convaincu Jean, mais peut-être pas encore tout à fait Marie.

— Ce n'est pas grave, la reconnaissance de Jean était prioritaire, Marie sera bien forcée d'y venir quand elle verra les « miracles » que vous accomplirez. Mais attention, son amour maternel après la perte de Jésus s'est reporté sur Jacques fils de Zébédée et nous savons que ce dernier était présent à votre baptême ; il ne faudrait pas qu'il prenne ombrage de votre affection pour Marie, car il l'a considéré comme sa mère.

— J'ai entrevu ce personnage, il était accompagné d'un autre homme ; tous deux étaient présents quand j'ai embrassé Marie et lui ai donné rendez-vous à Capharnaüm. Pensez-vous qu'il y ait un problème ?

— Non pas spécialement, mais soyez vigilant. Vous devez maintenant vous rendre sur les bords du lac de Tibériade (celui qui est au nord de la mer Morte) c'est à cet endroit appelé aussi lac de Génésareth, que vous trouverez vos premiers disciples qui sont des pêcheurs.

— Nous allons provoquer une petite tempête sur le lac et vous permettrons, pour influencer ces pêcheurs, de la calmer. « Miraculeusement », ce qui sera une bonne introduction à la crédibilité de votre personnage comme Messie.

— Vous devrez nous contacter dans une semaine au point 2.une fois votre équipe constituée, même partiellement, vous devrez parcourir tout le pays pour enseigner dans les synagogues des villes et faire quelques miracles ce qui attestera votre image divine.

— Où se trouve le point 2 ?

— Il se trouve près de Tibériade sur les bords Ouest du lac, dans une cabane de pêche, le GPS vous l'indiquera. Votre priorité c'est la formation des disciples.

— Quand ce sera fait allez à Nazareth d'abord, le jour du Sabbat afin de commencer votre ministère et vous imposer dans les consciences comme, comment avez-vous dit déjà : « le fils de Dieu » ? Ce qui me paraît être une excellente formule.

— Je crois, elle m'est venue en relisant les paroles attribuées à Élie.

— Bien trouvé ! Au revoir Resouscris j'attends votre appel dans une semaine.

— À bientôt, Conseiller. Je vais de ce pas sur les bords du lac.

La tempête qui avait sévi et qui continuait avait obligé Simon et André, et Zébédée accompagné de ses fils Jacques et Jean, d'abandonner la pêche qu'ils avaient prévue, les poissons restant cachés dans une telle tempête !

En rangeant leurs filets, désormais inutiles, ils aperçurent un homme qui venait vers eux.

L'homme s'arrêta et leva les bras vers le ciel, en s'écriant :

Tempête, esclave du malin je t'ordonne de par le Dieu d'Abraham, mon père, de cesser ta tourmente et de t'apaiser pour que ces pêcheurs puissent faire leur récolte

L'avatar climatique mis en place par la Fédération se mit progressivement en marche et après les paroles de l'homme, la tempête s'apaisa comme par enchantement.

Les pêcheurs en restèrent stupéfaits ! L'un d'eux, Simon, s'approcha et dit :
— Serais-tu Moïse revenu pour ouvrir les eaux ?
Resouscris satisfait de la réussite de l'avatar prit la parole en leur disant :
— Non, je suis bien plus important que celui dont vous parlez, je suis Élie revenu sur l'ordre de Dieu, pour faire de vous dorénavant non plus des pêcheurs de poissons mais des *pêcheurs d'hommes ; d'ailleurs*, pour prouver ce que je dis, montez avec moi dans vos barques, vous ferez votre dernière pêche et elle sera miraculeuse.
Le charisme de l'homme était fort et Ils partirent sur le lac avec lui,

Resouscris installé dans la barque de Simon dit : *une fois au milieu de l'eau, jeter vos filets et quand ils seront pleins, jeter-les encore et encore, vous verrez, alors le miracle.*

Ce qu'ils firent, plus de dix fois : et à chaque remontée, ils constatèrent que les filets étaient remplis au ras bord ! Mais ils ne pouvaient se douter que c'était grâce à l'action de la Fédération qui avec un bombardement de la zone de pêche par des ultra-sons, avait obtenu ce « miracle ».

Les barques remplies totalement risquaient de sombrer. En constatant la situation, Simon s'adressa à Resouscris et dit : Seigneur, nous ne pourrons pas regagner le bord car nos bateaux sont trop pleins.

— C'est vrai Simon, mais vous allez me suivre et il n'arrivera rien de fâcheux.

Resouscris mit en marche l'illusion de lévitation et regagna rapidement le bord en marchant sur les eaux !

Jacques qui était dans la barque de son père, Zébédée, chuchota :

— Extraordinaire ! Je l'ai vu lorsqu'il a été baptisé par Jean sur le Jourdain et il a fait la même chose là-bas, marchant comme s'il volait au-dessus du sol, comme ici au-dessus de l'eau ; lorsqu'il fut baptisé une voix forte, venant du ciel, s'est élevée le désignant comme le « fils de Dieu » mes amis c'est bien le Seigneur, le Messie annoncé par Élie !

Lorsqu'ils regagnèrent la rive, sains et saufs, avec pour chacun d'entre eux, une pêche miraculeuse dans chaque filet, le plus ancien, Zébédée installa un feu avec quelques pierres entourant des morceaux de bois mort qu'il avait trouvés près de leur accostage ; tous s'assirent autour de ce feu et dégustèrent quelques poissons tirés du filet de Jacques. C'est celui-ci qui s'adressa en premier à Resouscris :

— Qui es-tu vraiment Seigneur, tu nous as montré des merveilles tout à l'heure, merveilles aussi incroyables que celles qui se sont passées pendant ton baptême avec Jean.

— Tu étais là Jacques, je t'ai vu, mais tu n'étais pas seul, il y avait un autre homme avec toi qui est là aussi aujourd'hui.

Simon leva la main et dit :

— c'était moi Seigneur et j'ai entendu cette voix qui semblait venir du ciel te désignant comme le Messie.

Resouscris voulant marquer le coup répondit : qu'en as-tu pensé, Simon ?

— Sur le moment, sans réfléchir, j'ai cru que cette parole était celle de Dieu.

— Et aujourd'hui ?

— Devant la démonstration de tes pouvoirs qui ont, je ne sais comment, rempli nos filets et nous ont sauvés de la noyade, je ne peux que croire que tu es bien l'envoyé de notre Dieu ; ce Dieu qui avec Abraham et Moïse a fondé notre peuple.

— Tu parles juste Simon mais il y a plus aujourd'hui, la première alliance que Moïse avait scellée avec le Seigneur est devenue caduque et elle n'était qu'une première étape ; c'est vers tous les peuples du monde entier et pas seulement notre peuple qui occupera la deuxième alliance avec le ciel et Dieu ; il m'a envoyé pour conduire cette nouvelle alliance. Je suis né d'une vierge mais la semence de mon père céleste s'est incarnée dans celle de mon père terrestre, Joseph de Nazareth qui vient de mourir.

Jacques se leva brusquement et dit : ce n'est pas vrai ! Le fils de Marie qui s'appelait Jésus est mort il y a longtemps.

Resouscris leva une main apaisante en s'adressant à Jacques :

— Jacques, je suis Jésus, revenu sur l'ordre du divin pour accompli son œuvre nouvelle.

— Comment est-ce possible dit Jacques. Jamais personne n'est revenu de chez les morts ; cela ressemble à du blasphème !

— Jacques, tu as vu ce que j'ai fait, crois-tu que ces miracles soient le fait d'un homme normal ? Ne vois-tu pas que c'est le Seigneur qui guide mes pas et qui me donne ce pouvoir car je suis son fils bien aimé ?

— C'est vrai dit Jacques, j'ai vu tout cela en effet ; mais je n'arrive pas à comprendre pourquoi Dieu nous a fait les témoins de ces choses ni quelle est son intention en ce qui nous concerne.

— Si je suis venu à vous, comme je l'ai fait pour ma mère Marie, ce n'est pas sans raison ; vous êtes bien plus que de simples témoins, vous serez mes disciples et m'aiderez à accomplir mon ministère selon la volonté divine.

Simon dit alors : que devons-nous faire maintenant ?

Resouscris répondit :

— *Suivez-moi, car de pêcheurs de poissons, je ferai de vous dorénavant des pêcheurs d'hommes ; et toi Simon, tu t'appelleras désormais Pierre et c'est sur cette pierre que je bâtirai mon église.*

— Nous allons enseigner dans les synagogues de tout le royaume et annoncer la bonne nouvelle de cette deuxième alliance avec Dieu. Pour ce faire, nous allons revenir à Nazareth car c'est la ville où ma vie d'enfant a commencé et vous verrez encore des merveilles.

Zébédée se releva alors et s'adressant à Resouscris dit : Hélas, Seigneur, je suis trop vieux et ne pourrai t'aider utilement dans cette tâche et le regrette sincèrement car je crois que tu es bien notre Messie, mais mon fils pourra sans doute me remplacer.

— Non Zébédée, je ne suis pas le Messie, du moins au sens où l'entend la LOI, je suis venu sur terre pour les peuples du monde et pas seulement pour notre peuple, mais cela tu le comprendras plus tard, quand je serai parti rejoindre mon père ; pourtant, ne soit pas amer, tu as fait le travail décidé par Dieu en élevant tes fils et notamment Jacques et Jean, qui ont été, eux, prédestinés pour cette tâche.

Resouscris continua de discourir avec les pêcheurs et se levant il leur dit :

— venez le travail nous attend.

Laissant Zébédée à sa barque, ils s'acheminèrent d'abord vers Nazareth. Puis vers Capharnaüm, où les attendait Marie.

Pendant le voyage, il advint que Resouscris, aidé par les artifices que lui avait octroyés la Fédération, fit de nombreuses opérations « magiques » qui, pour ses interlocuteurs, passèrent pour des miracles.

Il guérit des malades, rendit la vue à des aveugles, sauva le serviteur d'un centurion Romain, ressuscita à Naïm un jeune garçon, et ainsi, dans toute la Galilée, son influence grandit et sa renommée flamba dans le cœur des Juifs

Mais la Judée restait encore vierge de son enseignement et il quitta secrètement Capharnaüm suivi par une nombreuse foule qui l'avait retrouvé

Il se rendit sur une montagne proche et prétextant une nuit de prière, il contacta MOMP.

— Je suis là, Resouscris, répondit Momp à la première sollicitation. ; Il me semble que votre affaire se déroule bien.

— En effet Conseiller, je vais maintenant enseigner en Judée.

— Attention mon ami vous n'avez que quatre disciples, il me semble que ce n'est pas suffisant pour la tâche à accomplir.

— En effet, je vais en choisir quelques autres, six ou sept parmi ceux qui entendent mes sermons ; des hommes célibataires sans doute.

— Vous excluez donc les femmes.

— Oui, pour l'instant, oh ! ce n'est pas par misogynie, mais la place des femmes, à part l'enfantement, ne semble pas prépondérante politiquement ni religieusement ici et un disciple féminin n'aurait, sans doute pas le même impact, pour l'instant, que celui d'un homme ; mais, sans aucun doute, je devrais me choisir une compagne par la suite, afin d'apparaître comme un humain normal pressenti par Dieu ; vous ne pensez pas ?

— Vous êtes seul juge en la matière. Il est vrai que vous avez déjà Marie sur laquelle vous pouvez vous appuyer. Bonne chance pour la suite.

— Merci Conseiller, je vous contacterai prochainement.

MOMP mit fin au contact et se félicita que Resouscris ne se soit pas aperçu qu'il était sous surveillance constante en dehors des contacts officiels ; ce qui ne l'empêcha pas de mettre en route le contrôle *de visu* qu'il avait prévu.

Resouscris, au matin redescendit de la montagne et s'arrêta sur un petit plateau situé à mi-pente. Une foule dense venue de toute la Judée et une grande proportion de Jérusalem même, s'était déjà installée sur le contre fort est assise, attendait la parole de Resouscris qu'elle appelait dorénavant : Jésus.

Levant les mains pour apaiser les diverses discussions de la foule il commença à enseigner quand le silence se fit :

Heureux vous les pauvres, car le Royaume de Dieu est à vous, heureux vous qui avez faim, car vous serez rassasiés, heureux êtes-vous si l'on vous insulte, si l'on vous frappe en mon nom, car votre récompense sera grande dans le ciel.

Mais malheur à vous les riches qui êtes repus aujourd'hui, car vous aurez faim demain ; et je vous le dis en vérité : aimez vos ennemis ; faites le bien à ceux qui vous haïssent : faites le bien sans demander de retour ; si vous faites cela en mon nom, votre récompense sera plus grande encore et le Très-Haut vous reconnaîtra comme ses fils et ses filles, car LUI, il est bon avec les méchants et les ingrats.

Au fur et à mesure qu'il dispensait cet enseignement de bonté et de charité qui était bien loin de celui qu'entendait habituellement le peuple et grâce à son discours Resouscris sentait l'emprise grandissante qu'il avait sur la foule et la ferveur qui s'emparait des participants.

Sur les premiers rangs, un homme se leva et dit :
— Seigneur que devons-nous faire, guide-nous car tu dis des choses que nous ne pouvons comprendre. Qui es-tu Seigneur ?
— Pourquoi m'appelez-vous Seigneur et ne faites pas ce que je dis ? *En vérité, je vous le dis, quiconque vient à moi et écoute mes paroles n'aura pas bâti les fondations de sa vie sur le sable mais sur le roc* et sa maison sera solide et tiendra dans les tempêtes de son existence ! Quel est ton nom, mon ami ?
— Je suis André et je suis ton frère dans le Très-Haut ; mais je ne suis pas seul ici mes amis qui m'ont accompagné souhaitent aussi te suivre car tu es le Seigneur, celui qui va délivrer notre peuple de la servitude.
— André, je suis venu au nom de Dieu, pour sauver tous les peuples de la terre et pas seulement pour le peuple juif ; ma venue constituera la deuxième alliance, comme celle de Moïse était la première ; mais j'accepte toutes les bonnes volontés ; quels sont ces hommes ?
— Tu connais déjà nos frères pêcheurs : Jacques, Simon que tu appelles Pierre, voici Jean, Philippe, Barthélemy, Mathieu, Thomas tous membres de la secte des Esséniens et aussi Jacques le fils d'Alphée, Simon le Zélote et enfin Judas le propre fils de Jacques.

— Les Esséniens sont purs et proches de Dieu, pourquoi vendez-vous à moi ; vous ont-ils envoyés pour me confondre ou m'empêcher de réaliser mon ministère ?

— Jean prit alors la parole : les Esséniens nous ont envoyé, en effet, mais pour t'aider et non pour te confondre car ta réputation est parvenue jusqu'à nous et tes paroles nous semblent venir de Dieu et nous croyons que tu es bien le fils de l'homme annoncé par Élie et Daniel.

— Tu as parlé d'or, je suis celui qui revient ; celui qui va tout changer en ce monde ; j'en ai reçu le mandat directement de celui dont on ne prononce pas le nom. Je suis son fils incarné dans une apparence humaine, une simple enveloppe terrestre qui contient pourtant tout l'amour divin. Prenez-vous l'engagement aujourd'hui de tout quitter et de me suivre pour affirmer cette nouvelle alliance ?

— De nouveau, Jean reprit la parole et dit : au nom de tous mes Frères, ici présents, nous le prenons !

— Eh bien je reçois votre promesse et de disciples je vous adoube comme Apôtres de la nouvelle loi et…

Un homme grand s'approcha de Resouscris et lui dit :

— permets-moi de te suivre aussi Maître, car c'est mon devoir, je suis un messager ; je me nomme Judas Iscariote de la ville de Keith, et mon message, je ne peux te le dire qu'à l'oreille.

— Viens, puisque cela doit être secret.

L'homme s'approcha du visage de Resouscris et lui dit à l'oreille : Momp m'envoie pour t'aider éventuellement, mais cela doit rester un secret !

Resouscris, un moment stupéfait, se reprit très vite et répondit à voix basse à Judas : pourquoi Momp ne m'a pas averti de ce changement ? Je n'ai nul besoin d'aide ; tout se déroule comme prévu :

— Tu connais la prudence du Conseiller, il veut s'assurer que tu n'auras aucun problème et si c'était le cas, tu pourras compter sur mon aide.

— Resouscris se promit de tirer au clair, avec MOMP, cette affaire lorsqu'il prendra contact avec la Fédération ; car il ressentait cette arrivée, comme un contrôle de ses actions alors que le contrat qui le liait à MOMP ne prévoyait absolument pas cet état de choses ! Pour l'heure, il décida de continuer son travail, il annonça à la foule : je reconnais cet homme comme l'un de mes apôtres.

Les douze étant enfin réunis, il leur parla ainsi :

— Mes frères, je vous envoie en mission par toute la terre d'Israël mais recevez mes recommandations :

Ne prenez pas le chemin des païens et n'entre pas dans une ville de Samaritains ; allez plutôt vers les brebis perdues de la maison d'Israël... voici que je vous envoie comme des brebis au milieu des loups ; montrez-vous malins comme les serpents et candides comme des colombes et annoncez, à tous, que le Royaume des Cieux est proche. Ne croyez pas non plus que je suis venu pour apporter la paix sur la terre, mais au contraire le glaive. Mais comprenez aussi ceci : qui vous accueille m'accueille et qui m'accueille accueille Celui qui m'a envoyé.

Le soir arrivant, jean, l'un des nouveaux apôtres s'approcha de Resouscris et lui dit : Seigneur, la foule est grande, au moins 5000 personnes et tout ce monde est affamé, semble-t-il, pourquoi ne pas leur dire d'aller acheter de la nourriture avant d'écouter la fin de ton enseignement ?

— Qu'avez-vous comme nourriture ici dit Resouscris ?

— Hélas, Maître, nous ne disposons que de cinq pains et de deux poissons, cela est insuffisant pour cette multitude.

— *Apportez-les-moi ici.* Se tournant vers la foule il leur dit : vous tous, y compris les douze, étendez-vous face contre terre et priez.

Il voulait ainsi éviter que quelqu'un puisse voir la manipulation qu'il allait réaliser grâce aux pouvoirs que lui avait donnés la Fédération. Ce pouvoir permettait par le magnétisme des mains de multiplier à volonté les molécules de toute matière soumise à cette manipulation.

Une fois réalisée, il se trouva en possession d'un stock important de nouveaux pains et de nouveaux poissons issus des éléments initiaux. Il demanda, alors, aux douze de distribuer à la foule cette nouvelle manne. Et tous, y compris les Apôtres y virent un vrai miracle en disant à voix basse : Il est bien le fils de Dieu !

Après ce « repas miraculeux », il fit disperser la foule après lui avoir donné sa bénédiction ; une fois que la foule fut repartie, il partit avec les douze pour continuer son sacerdoce, en revenant d'abord à Capharnaüm où Marie l'attendait.

VI

Capharnaüm...

Marie avait loué une petite maison dans cette localité et Resouscris y rassembla les douze et leur dit : *voici que nous commençons notre ministère en proclamant notre message ;* notre mission, je vous le dis s'achèvera en Judée précisément à Jérusalem, elle sera sans doute dramatique pour moi mais j'ai accepté cette issue.

Pierre prit la parole : Rabbi comment peux-tu dire cela ? Rien ne peut t'arriver puisque tu es le fils de Dieu et notre nouveau roi ?

— Pierre, tu n'as pas encore compris que si je peux échapper à ce funeste destin, je le ferai, mais seul le Seigneur peut éloigner de moi, ce calice.

Et sachez que je ne suis pas votre nouveau roi, celui du seul peuple juif ; *je suis l'alpha et l'oméga, celui qui est venu pour racheter tous les péchés du monde.*

Ce que vous ne comprenez pas aujourd'hui vous sera révélé demain et vous aussi quand vous proclamerez ce message, vous serez combattus et pourchassés par les peuples de la terre.

Mais, aussi bien moi que vous, ne pourrons-nous soustraire au commandement divin.

Jean l'essénien demanda à Resouscris : il est difficile de comprendre jusqu'où le Seigneur veut que nous allions et ce qu'il attend de nous !

— Jean, il m'a envoyé moi son fils et vous a choisi, vous ses apôtres, pour que nous portions la bonne nouvelle de sa nouvelle alliance avec toutes ses créatures et il nous donnera tous les moyens nécessaires pour cette proclamation. Rappelle-toi ce qu'il a permis sur la montagne pour les pains et les poissons !

En vérité, je vous le dis, si nous sommes ses serviteurs, il est notre Maître aussi bien sur cette terre que dans l'univers qu'il a créé.

Judas l'Iscariote dit alors :

— Nous devons suivre aveuglément Jésus, car lui seul connaît les voies du Seigneur, cette cause nous dépasse et nous devons être fiers d'avoir été choisis.

Jacques intervint :

— tu dis que Dieu t'a envoyé pour tous les hommes, cela inclut-il les Romains ?

— Oui Jacques, les Romains, les Grecs, les Égyptiens, les Samaritains et bien sûr tous les autres Juifs ! Tous ceux présents sur la terre ; *car en vérité je vous le dis encore, il y a plusieurs demeures dans la maison du père.*

VII

Maison louée par Marie,

Tandis qu'il discourait avec les douze, Marie entra dans la pièce et dit : nous sommes invités demain à un mariage à Cana, j'ai donné mon accord pour que nous y participions.

— Tu as bien fait, Mère car ce sera une occasion de délivrer mon message dans une ambiance de fête où il aura la chance d'être entendu.

Le lendemain, ils partirent tous à Cana ; après la célébration du mariage selon la tradition juive, ils passèrent à table. À un moment donné, le père de la mariée s'approcha de Marie et lui dit en baissant la voix :

— je suis désespéré ! Le vigneron n'a pas livré en totalité ma commande et nous allons manquer de vin très bientôt !

Marie se tourna vers Resouscris et lui demanda :

— Jésus, mon fils, peux-tu faire quelque chose pour ce brave homme qui nous a invités si aimablement au mariage de sa fille ?

— Mère, lui répondit-il mon heure n'est pas encore venue, celle où je retournerai auprès de mon père et je peux faire encore beaucoup en ce monde.

Se tournant vers le père il dit :

— Avez-vous des jarres d'eau ? Si oui, conduisez-moi à l'endroit où elles sont rangées.

Marie s'adressant au père dit :

— Faites tout ce qu'il vous dit.

L'hôte conduisit alors Resouscris vers un réduit proche de la cave et lui montra six jarres pleines. Resouscris lui dit :

— laissez-moi seul et priez.

Une fois, l'hôte parti, Resouscris, mit un peu de vin dans chaque jarre : vin qu'il avait rapporté du banquet et plongeant les mains dans chacune d'elles, en générant la même manipulation qu'il avait employée pour multiplier les pains, c'est-à-dire celle qui démultipliait à l'infini les molécules.

Au bout de quelques instants, celles-ci transformèrent l'eau en un vin à peine plus léger que le précédent.

Devant ce nouveau « miracle », le père du marié se tourna vers Resouscris et lui dit :

— Rabbi, je vois que toutes les choses que tu réalises ne peuvent venir que de Dieu. Es-tu, comme on le dit, le Christ, celui qui délivrera notre peuple de tous ses malheurs ?

— Je suis celui envoyé par le Seigneur pour racheter tous les péchés de tous les peuples de la terre ; je suis celui qui prendra bientôt sur lui toute la misère du monde et rachètera celui-ci auprès de mon père, faisant ainsi de vous également des enfants de Dieu.

— Maître je te prie pour cela et je t'adore au même titre que j'adore le Très-Haut !

— Ne confond pas mon ami, je ne suis pas le Très-Haut, je ne suis que son fils une incarnation dans une forme humaine de son Esprit saint.

— Mais il est vrai que je suis la passerelle décidée par lui qui vous permet à travers moi de vous adresser à lui directement ; encore une fois : *je suis l'alpha et l'oméga et toutes ces choses que je vous dévoile aujourd'hui, vous les comprendrez bientôt.*

S'adressant aux Douze il leur dit :

— finissez le repas et laissez-moi seul pour prier, ensuite nous partirons pour Jérusalem où un grand travail nous attend.

Resouscris se dirigea vers la cave de la maison où il savait trouver un contact avec MOMP.

Resouscris appelle… Resouscris appelle…

Le contact s'établit presque aussitôt malgré les parasites que l'enfouissement de la cave pouvait poser.

— Je suis là Resouscris, que se passe-t-il ?

— Je ne comprends pas Conseiller, pourquoi m'avez-vous envoyé ce Judas, est-ce pour me contrôler, n'avez-vous plus confiance en moi ?

— Au contraire mon ami c'est pour vous aider que j'ai demandé l'aide de Judas. N'oubliez pas que votre mission à Jérusalem doit se terminer par votre mort (apparente je vous rassure) et que celle-ci nous permettra de créer une religion altruiste et de bonté dans cet océan de cruauté qui facilitera à terme notre retour sur la planète mère.

— Je ne vois pas comment il pourra m'aider dans l'accomplissement de cette illusion et je pense que je serais bien plus opérationnel seul !

— Ne croyez pas cela, au conseil nous avons pesé notre décision et cette aide nous a paru la meilleure solution pour réussir.

— C'est votre décision et pas la mienne ; vous en porterez la responsabilité en cas d'échec.

— Ne croyez pas que nous prenons ces décisions à la légère ; en fait, il s'agit d'un ordre auquel vous devrez obéir.

— J'ai donné mon opinion et vous la connaissez maintenant.

— N'ayez crainte, Resouscris, nous en tiendrons compte au moment voulu.

MOMP coupa la communication ; il était contrarié de la réaction de Resouscris. Peut-être avait-il été trop vite en besogne, il aurait dû mieux préparer cette action pourtant nécessaire pour le contrôle de la mission. Le mal était fait, il fallait continuer !

Resouscris revint à la table du banquet et s'adressant au marié il lui dit : *tout le monde sert d'abord le bon vin et quand les gens sont gais, le moins bon ; toi tu as gardé le bon vin jusqu'à maintenant.* Quand les invités virent l'accomplissement de ces choses, ils comprirent que ce Jésus était un envoyé divin et ses disciples crurent en lui.

Puis s'adressant aux douze, il manifesta sa volonté de revenir à Capharnaüm pour quelque temps et comme la date de la Pâque approchait de monter ensuite à Jérusalem.

Lorsqu'ils arrivèrent à la ville sainte, il y avait beaucoup d'animation dans les rues ; les familles qui en avaient les moyens se faisaient un devoir de célébrer la Pâque à Jérusalem et c'était pour les familles les plus huppées un moyen de contact entre Juifs des autres provinces et aussi une manière de se montrer ou de faire connaître aux autres à la fois l'étendue de leur piété et de leur richesse.

Il y avait comme toujours sur les parvis du Temple nombre d'artisans, d'éleveurs de bœufs ou de brebis ainsi que des changeurs de monnaie. Devant cette marée humaine bruyante et chamarrée, Resouscris trouva l'occasion d'affirmer son enseignement ; il se confectionna une sorte de fouet avec des lanières et des cordes qui se trouvaient au sol.

Brandissant ce fouet, il en frappa fortement les artisans et renversa les tables des changeurs en s'écriant :

— *Ne faites plus de la maison de mon père une maison de commerce ! car comme il est écrit le zèle pour ta maison me dévorera.* Le Temple est un lieu sacré, il est réservé pour glorifier Dieu et non pour assouvir vos turpitudes mesquines ! je vous chasse de la maison de mon père.

Parmi la foule, quelques voix s'élevèrent.

— Qui es-tu pour te permettre d'agir ainsi de quel signe peux-tu te prévaloir pour nous dicter ta loi ?

Il répondit :

— *Détruisez ce sanctuaire et en trois jours je le relèverai.*

Un Juif plus expansif que les autres lui tint ce discours :

— Il a fallu quarante-six années pour reconstruire notre temple et tu prétends pouvoir le faire en trois jours ! est-ce bien sérieux : tu nous prends pour des idiots sans doute ?

— Je ne parle pas ici, de pierres, de tuiles ou de dallage, mais du Temple céleste que je suis et vous verrez que ce temple-là sera rebâti en trois jours. Il ne faudra pas plus de temps puisque Dieu lui-même est le bâtisseur et que je suis ses pierres, ses tuiles et son dallage.

Si la foule ne comprit rien à ces paroles, les Douze, eux se la rappelleront par la suite. Pendant que Resouscris pourfendait les marchands du Temple, un pharisien notable nommé Nicodème s'avança et dit :

Jésus, je dois te voir ce soir pour te parler, je ne puis le faire ici dans tout ce bruit, ou pourrais-je te trouver ?

— Tu me trouveras près du Temple, dans la petite maison que tu vois sur ta droite, je sais que ton nom est Nicodème et que beaucoup de questions, sur moi, agitent ton esprit ; à ce soir.

Délaissant Nicodème, il se rendit un peu plus loin et suivit par les douze, continua son enseignement. Il aperçut une jeune femme qui s'était un peu retirée de la foule ; la femme était belle et bien que Resouscris avait résisté jusqu'à maintenant à la tentation sexuelle normale pour un homme de son âge, surtout grâce aux médicaments qu'il avait pris avant sa projection, il sentit monter en lui un désir pour cette femme ; il s'approcha d'elle avec un grand sourire.

— Comment t'appelles-tu ? et que fais-tu ici ?

— Rabbi, je suis Marie de la ville de Magdala en Galilée et je te suis depuis le début de ton ministère, en fait depuis ton premier passage à Béthanie.

— Comment se fait-il que je te voie pour la première fois ?

— J'étais là pourtant, perdue dans la foule qui te suit.

— Que penses-tu de moi ?

— Au début, j'étais septique, je l'avoue, mais j'ai vu ce que tu as réalisé sur la montagne en multipliant les poissons et les pains ; également ce qu'on m'a dit du miracle de Cana et des diverses guérisons et j'ai cru, alors, que tu étais bien l'envoyé de Dieu.

— Ce ne sont là que des manifestations matérielles ; mais que penses-tu de mon enseignement ?

— Rabbi, je ne suis qu'une femme et dans ce pays l'opinion d'une femme ne compte guère, si ce n'est quand elle est mère et je ne le suis pas ; cependant, quand je t'ai entendu dire *je suis l'alpha et l'oméga,* la lumière a inondé mon esprit et j'ai compris que tu étais celui annoncé par Élie : un Dieu incarné dans un humain !

— Marie, je ne suis pas UN DIEU comme l'entendent les Égyptiens ou les Romains, mais le fils du seul Dieu qui existe dans l'univers et qui est le créateur de toutes choses ici-bas et dans le ciel.

— Je l'ai compris et c'est pour cela que je veux devenir ta servante et ton amante, si tu le souhaites. Car je t'aime profondément d'un amour spirituel autant que charnel ; ce sera dorénavant, si tu l'acceptes, le sens nouveau de ma vie.

— Quand mon père céleste a voulu mon incarnation humaine, celle-ci a été complète et pareille à un homme normal. Tu es belle et je te désire tu seras ma femme terrestre avant que d'être à mes côtés dans le Royaume des Cieux.

Cela étant dit, Resouscris la présenta aux douze qui furent surpris (sauf Judas) et jaloux de la venue de cette belle femme dans leur groupe ; mais le Maître avait sans doute ses raisons. Sa mère, Marie, compris que c'était la volonté de Dieu de faire passer aux yeux des peuples, Jésus comme un homme normal et pris la jeune femme sous sa protection ; laquelle reçut avec gratitude cette attention. Dorénavant, deux piliers féminins soutiendront le temple nommé Jésus !

Le soir venu, comme prévu, Resouscris reçut Nicodème dans la maison près du Temple.

Il y avait là, Resouscris, Marie sa mère les douze et Marie de Magdala ; Nicodème fut surpris de trouver tant de monde et rappela qu'il désirait parler avec Jésus seulement.

— Tout ce monde est ma famille, donc la famille de Dieu, parle sans crainte.

— Rabbi, je suis venu ce soir pour te dire que nous savons que tu es un Maître venu de la part de Dieu, car tous les miracles que tu accomplis ne peuvent venir que de Lui, mais ce que nous ne comprenons pas c'est ton affirmation de ta filiation divine, nous te prenons comme un prophète ; ce qui est déjà extraordinaire pour notre peuple d'avoir pu être témoin de ces évènements, mais nous sommes Pharisiens et l'orthodoxie de la loi nous est chère.

— *En vérité, en vérité je te le dis à moins de naître d'eau et d'esprit, nul ne peut entrer au royaume de Dieu.* Or je suis l'esprit incarné dans la chair. *Et nul n'est monté au ciel hormis celui qui est descendu du ciel !* je suis venu pour sauver le monde et non pour le condamner et pour sauver tout le genre humain et pas seulement le peuple juif.

Va porter ce message auprès de tes congénères Pharisiens pour qu'ils sachent que je suis venu aussi pour les sauver eux comme tous les peuples de la terre.

Nicodème, rasséréné s'en fut porter cette nouvelle auprès des siens. Tous ensuite s'installèrent pour la nuit qui venait. Resouscris et Marie de Magdala se retirèrent dans la seule chambre fermée de la maison où ils firent l'amour toute la nuit et Marie put se convaincre aisément des sentiments qui animaient son compagnon ; elle resta dans l'allégresse pendant longtemps car elle ne s'était pas trompée sur l'importance de ce Jésus le nouveau Christ, aussi elle conçut une grande fierté d'être devenue sa compagne par la chair ; le temps viendra où elle lui ferait comprendre qu'elle serait également sa compagne spirituelle.

Mais Resouscris s'il voyait qu'il avait beaucoup de disciples qui croyaient en lui et dans son enseignement, il percevait aussi de nombreuses oppositions, notamment chez les Pharisiens ; ces oppositions, parfois brutales, pouvaient gêner l'accomplissement de sa mission.

Il éprouva le besoin de faire le point avec MOMP et d'en parler avant avec l'agent envoyé par ce dernier : Judas. Il le fit appeler pour un entretien seul à seul.

— Judas, que penses-tu du déroulement des évènements ? Avant de contacter MOMP, je voulais avoir ton opinion sur les oppositions que je sens monter dans le peuple.

— Resouscris, tu es seul juge, mais je crois qu'il faut accélérer un peu ; il faut faire encore plus de miracles qui convaincront les derniers septiques. Tu as un élément favorable c'est Jean qui baptise à Aenon,

Il ne cesse de dire à ceux qu'il baptise qu'il n'est que le précurseur qui prépare ta venue, celle du Christ et que tu es ce Christ annoncé par les prophètes dans les écritures ; sers-toi de lui pour valider ton ministère. Contrairement à toi, je pense que la mission est presque remplie malgré les oppositions que nous avions prévues.

— Merci, Judas, tu me réconfortes, je contacte MOMP ; dis aux autres que je dois me retirer seul pour prier.

Judas parti, Resouscris mit en œuvre le processus de contact : *Resouscris appelle, Resouscris appelle…*

Comme toujours, MOMP répondit dans l'instant.

— Je suis là Resouscris.

— Conseiller, je viens faire le point avec vous. Je crois avoir obtenu de bons résultats jusqu'à maintenant, mais je sens monter parmi le peuple une certaine opposition qui pourrait nuire à la mission.

— C'était inévitable, Resouscris, nous l'avions prévu ; cependant, vous avez semé la graine que vous devrez récolter plus tard. Jérusalem est presque conquise et même les Romains sont devenus attentifs à votre personnage ; c'est pourquoi il me semble que vous devez laisser digérer votre message dans cette ville en repartant consolider ce dernier dans les autres provinces.

— Cette précaution vous permettra de préparer votre retour « en gloire » dans la capitale pour y terminer la mission. Vous verrez, Jérusalem sera en manque de Jésus et donc de vous !

— Je pense que votre vision est la bonne. Nous allons parcourir à nouveau la Samarie et la Galilée ; je vous contacterais après le périple.

— Très bien, mais servez-vous de Judas, il est auprès de vous pour cela.

— C'est ce que j'ai déjà fait en l'envoyant à Pilate. Je ne sais pas si son discours a convaincu le procurateur, mais en tout cas il a semé le doute dans son esprit sur le fait que l'enseignement de Jésus n'est en rien politique mais uniquement religieux.

— Pilate est un personnage que nous avons un peu négligé dans l'étude préparatoire, je l'avoue, mais en approfondissant son cas, je pense qu'il ne sera pas un obstacle et peut-être même un allié.

— Espérons-le. À bientôt Conseiller.

VIII

Ponce Pilate...
Jérusalem, caserne Antonia, près du Temple...

Lorsque Pilate se réveilla ce matin-là, il était de bonne humeur, grâce à la nuit qu'il venait de passer dans les bras de son épouse, Claudia Procula ; cette femme douce et intelligente lui était très attachée depuis qu'à Capri il l'avait « sortie » du harem de Tibère.

Il avait aussi d'autres sujets de satisfaction : il avait réussi à se faire nommer en Palestine comme procurateur, car d'une certaine façon, il tenait l'Empereur ; il avait été témoin des innombrables orgies organisées par Tibère dans sa villa de Capri où il s'était retiré, abandonnant Rome à ses turpitudes ; Pilate pouvait en témoigner le cas échéant devant le Sénat.

Conscient de cette situation qui pouvait le handicaper vis-à-vis du Sénat qui pouvait le destituer, Tibère avait éloigné ce témoin qui pouvait se révéler gênant en le nommant, pour s'en débarrasser, procurateur à Jérusalem.

Pilate avait accepté en pensant que la Palestine le sauverait de Tibère et que la direction de cette colonie était préférable aux manigances romaines ; c'était là son erreur car cette région était traversée par d'innombrables courants politico-religieux (notamment les christiannis) et que ceux-ci entravaient une bonne gestion des affaires politique et même militaire avec les exactions commises par des groupes juifs incontrôlables comme les Sicaires.

Certes, l'époque était cruelle, à Rome comme dans l'ensemble de l'empire mais la Palestine était particulièrement difficile à gérer à cause de ces affrontements constants entre les différentes sectes juives ; sans compter les étrangers comme les communautés grecque ou égyptienne qui avaient leur propre tradition et des opinions – parfois dangereuses – qui en résultaient.

Il n'avait pas fallu longtemps pour que Pilate détermine les vrais dangers dans ce maelström pas encore dompté ; bien sûr, Pilate pouvait toujours compter sur les légions pour réprimer sévèrement tout acte hostile à « *la pax Romana* » et c'est pourquoi il s'obligeait au moins une fois par semaine à visiter ces dernières en quittant son palais Prétoire, pour passer la nuit dans la forteresse Antonia ; ce contact hebdomadaire avec ses légions lui permettait de prendre la température sur leur moral ; il arrivait souvent aussi qu'il ait solutionné les différents petits problèmes qui affectaient les légionnaires en poste à Jérusalem ; et à cause de cet engagement auprès de ses hommes, ceux-ci lui accordaient leur soutien et avaient conquis leur respect.

Pourtant, Pilate était profondément un homme bon (autant que l'époque le permettait) et il s'était renseigné sur les différentes façons d'appréhender la vie et la religion dans ces contrées ; et notamment, il connaissait l'enseignement de ce Jésus qui prônait la non-violence et l'égalité entre tous les hommes et qui annonçait la venue d'un monde nouveau.

On lui avait relaté aussi les différents miracles qu'il avait réussis et qui dépassaient largement, semble-t-il, la magie égyptienne habituelle que Pilate connaissait jusqu'alors.

Secrètement, il avait même essayé de contacter Jésus mais n'avait pas réussi ; un seul de ses disciples s'était rendu chez Pilate, un certain Judas surnommé l'Iscariote.

Judas avait tant bien que mal renseigné ce dernier sur les principes religieux et non politiques, que défendait ce nouveau prophète qui se proclamait pourtant Roi des juifs. L'enseignement religieux de cet homme avait vivement intéressé Pilate qui n'avait pas décelé des arrières pensés politiques dans les propos de Jésus.

Mais, Pilate, nommé récemment à Jérusalem, n'était pas rompu encore aux subtilités de ce peuple particulier et bien que son esprit restât ouvert, il ne pouvait se départir d'une certaine méfiance.

De toute façon, si Jésus avait des visées politiques pouvant déstabiliser la région sous son autorité ou même l'empire, il accomplirait sa mission de procurateur sans haine mais sans faiblesse.

Il détacha un homme pour suivre Jésus dans tous ses déplacements qui pourra lui rendre compte de ses agissements ; c'était un centurion nommé César Ophus qui était en poste à

Capharnaüm et qu'il connaissait bien car ils avaient combattu ensemble les Parthes et les Germains autrefois et s'étaient liés d'amitié à cette occasion.

Ce que ne savait pas Pilate, par contre, c'est que Ophus connaissait Jésus parce qu'il avait guéri à l'époque, son serviteur qu'il considérait comme un fils et qui était très malade ;

Cette guérison avait d'ailleurs été constatée comme l'un des premiers miracles attribués à Jésus !

Quand Pilate parla de cette mission à son ami, Ophus lui apprit cette guérison miraculeuse et dit :

— Mon ami, je ne puis faire ce que tu me demandes, car j'ai vu cet homme et ce qu'il fait et il me connaît bien ; je lui avais dit que je n'étais pas digne de le recevoir et pourtant mon serviteur a été guéri par lui.

— Je t'assure que ce Jésus n'est pas un danger pour Rome, toutes ses paroles sont de miel et il est la bonté même.

— Il dit pourtant qu'il est le Roi des Juifs, or ; c'est Rome qui doit décider qui est le roi des contrées qu'elle administre.

— C'est vrai mais il dit aussi que son royaume n'est pas de ce monde et qu'il a été envoyé par son Dieu qu'il appelle son père, pour effacer tous les péchés des hommes y compris ceux des Romains !

— Je veux bien te croire, mais à force d'accepter toutes les religions qui existent dans l'empire – et elles sont nombreuses – au seul critère qu'elles ne s'opposent pas à nos légions, il se peut qu'un jour Rome ne soit plus dans Rome.

Regarde ce qu'il est advenu de l'empire égyptien ou de celui d'Alexandre.

— De toute façon, nous n'y pouvons rien ; à chaque époque, un système ou un homme nouveau arrive au pouvoir et capte la vie des peuples, soit de façon militaire ou de façon religieuse, hier les pharaons et les Grecs, aujourd'hui les Césars, demain qui sait ce que sera le monde ! et c'est pareil pour les religions, hier et aujourd'hui toute une pléiade de divinités plus diverses les unes que les autres ; avec les Juifs et cet homme un seul dieu créateur de toutes choses.

Intellectuellement après tout, ce n'est pas si stupide.

— Même si moi non plus je ne crois pas vraiment à notre improbable Olympe inventé par les Grecs et composé de dieux qui ont les mêmes problèmes que les humains ; en tant que procurateur romain je me dois de conserver ce système qui bon en mal en recèle un certain équilibre religieux et philosophique qui laisse à chacun sa liberté de conscience – ce qui n'est absolument pas le cas des juifs ou de cet homme qui n'acceptent aucun compromis philosophique en se basant sur une loi qui n'a été écrite qu'au temps de leur roi Josias cinq cents années avant notre venue !

— Je le sais bien, mais si la véracité des faits relatés dans ces textes peut être contestée, il reste que cette loi est ancienne et vénérable et sans doute aussi légitime que la loi de Rome !

— Attention, mon ami, je veux bien croire que tu t'adresses à l'homme romain et non au procurateur car sa fonction régalienne lui interdirait d'entendre de tels propos sans sévir contre celui qui les a proférés ;

— Mais je te connais heureusement et ton refus, même s'il est fondé ne solutionne pas mon problème de surveillance de ce Jésus. Verrais-tu quelqu'un parmi nos hommes qui pourrait remplir cette tâche ?

— Peut-être parmi ton état-major ?

— Je vais voir. Merci de tes conseils et bon retour à Capharnaüm.

Une fois Ophus parti, Pilate fit appeler le jeune légionnaire Vitius. Ce garçon avait une carrure impressionnante et était convoité, à Rome, pour ses performances physiques.

Pilate avait réussi pourtant à le soustraire à la cupidité de Magnus Sorma, le recruteur officiel de gladiateurs pour le cirque de Rome et se l'était attaché comme garde personnel.

— Vitius, j'ai besoin de toi pour une mission de surveillance et peut-être même d'infiltration.

— Procurateur, je te suis redevable, tu peux tout me demander, je l'accomplirai pour toi.

Pilate expliqua au légionnaire ce qu'il attendait de lui.

IX

Caïphe
Chambre des Prêtres au Temple...

Depuis que l'ancien préfet de Judée, Valerius Gratus avait « démissionné » quatre Grands Prêtres – un par an – pour insubordination auprès des Romains.

Joseph Caïphe, gendre de Anne, le dernier Grand Prêtre révoqué, avait été élu à la grande prêtrise, juste avant le remplacement de Gratus par Pilate.

C'était un homme calme, cultivé et surtout prudent ! il avait compris qu'il valait mieux s'entendre avec les Romains plutôt que de les combattre puisque la force hégémonique et militaire romaine ne pouvait, pour l'instant, être repoussée.

Il avait réussi notamment à obtenir les bonnes grâces du procurateur et se glorifiait, en privé, d'être l'ami juif de Pilate ; il n'était cependant pas dupe, cette amitié ne durerait que dans la mesure où l'autorité politique de Pilate resterait intacte et Caïphe faisait difficilement son maximum pour que le peuple tolère sinon accepte les Romains.

En plus, Caïphe savait qu'il était contesté souvent au sein même du Sanhédrin et cela malgré le soutien de Anne son beau-père.

Le Sanhédrin était comme l'ensemble de la nation, traversé par des forces politico-religieuses diverses, les Esséniens fous de pureté, les Christianis (qui estimaient que le temps du Christ était venu) et les Sicaires ; la plus dangereuse étant celle des sicaires qui comme signifiait leur nom, était toujours prête à frapper de leur poignard, notamment les Romains, mais aussi certains pharisiens qu'ils considéraient comme des traîtres.

Il y avait eu plusieurs incidents graves que Caïphe avait eu le plus grand mal à contrôler.

Il avait réussi notamment à convaincre Pilate de ne pas ériger sur le parvis du Temple une statue d'Apollon, censée représenter César ; même les juifs les moins vindicatifs avaient décidé de prendre les armes ! Si le Grand Prêtre n'avait pu calmer les esprits, ceux des juifs et celui de Pilate, il s'en serait suivi un épouvantable massacre. Heureusement, Pilate était un homme intelligent et savait revenir sur une décision stupide et avait renoncé à cette érection.

Mais tout ceci créait une ambiance délétère et « fatiguait » grandement Caïphe qui commençait à regretter sa nomination.

D'autant qu'un nouveau danger se faisait jour en la personne de ce Jésus de Nazareth qui semblait se prendre pour un nouveau prophète ; or il n'écrivait pas son enseignement comme tous les autres prophètes – son enseignement n'était qu'oral – et aux yeux du Grand Prêtre, il n'était qu'un subversif supplémentaire, comme tant d'autres à l'époque.

Cependant, celui-ci était particulier en affirmant sa royauté juive descendant de la lignée de David.

Caïphe se promit de veiller particulièrement à cet individu, car il pressentait qu'il était porteur de grands problèmes à venir pouvant indexer sa fonction en même temps que sa sécurité.

Or, personne ne pouvait menacer le Grand Prêtre en toute impunité !

Il se promit d'en parler avec Pilate pour avoir son éventuel soutien si les choses devaient empirer. Il avait un bon moyen de pression car il avait reçu des informations compromettantes concernant le Procurateur ; celui-ci avait eu une relation amoureuse avec la femme du Tétrarque de Galilée, Hérode Antipater nommé par les Romains : Hérodiade,

Cette femme était connue pour sa cruauté et son intelligence ; d'ailleurs, il n'était pas impossible qu'elle eût piégé Pilate dans cette relation.

Caïphe pourrait toujours, avec cette carte dans son jeu, influencer Pilate s'il se montrait peu coopératif pour stopper Jésus et ses disciples. Car, Hérode n'apprécierait pas la révélation de son infortune et le scandale, compte tenu de ses bonnes relations avec les Romains, pourrait bien remonter jusqu'à Tibère qui avait de l'estime pour le Tétrarque.

Ce qui n'arrangerait pas la position déjà très dégradée, de Pilate auprès de l'empereur ; Caïphe devra, donc, demander audience rapidement auprès du Procurateur.

X

Resouscris Marie-Madeleine et les douze avaient fait un grand périple au travers de la Galilée et de la Samarie, voyage éprouvant où Resouscris avait pu constater que s'il bénéficiait, en effet, d'appuis parmi le peuple, il y avait aussi des oppositions notamment de certains Samaritains ; de ce fait, sa troupe et lui-même commençaient à ressentir une grande fatigue ;

En arrivant à Sychar, ils décidèrent de se reposer un peu.

Ils s'arrêtèrent près d'un puits pour se rafraîchir. L'endroit appelé « puits de Jacob » avait été choisi par Resouscris parce qu'il se situait au centre d'une placette entourée de bancs permettant un repos facile.

C'était la sixième heure et la place était déserte, les douze étant partis à la ville, chercher des provisions.

Pourtant, une femme s'approcha pour puiser de l'eau en saluant Resouscris de la tête.

Une fois l'eau tirée, Resouscris dit à la femme : *donne-moi à boire.*

La femme qui était de Samarie lui répondit : tu es juif et moi samaritaine et tu sais que nous n'avons pas de relation entre nos deux peuples ! non pas de notre fait mais, c'est, vous les juifs qui interdisez ces relations.

— *Femme de Samarie, si tu savais le don de Dieu et qui je suis vraiment, c'est toi qui m'aurais prié de te donner de l'eau vive.*

— Seigneur, comment pourrais-tu me donner de l'eau vive ; tu n'as rien pour puiser ?

Resouscris lui répondit en montrant l'eau dans le seau :

— *Qui boit de cette eau-là, aura soif de nouveau. Mais qui boit l'eau que je lui donnerai n'aura plus jamais soif car elle deviendra en lui une source de vie éternelle. Car cette source vient du Père.*

— Seigneur donnes-moi, de cette eau afin que je n'aie plus soif.

— *Crois-moi, femme de Samarie l'heure vient* ou l'eau du Père changera le monde et les esprits de l'humanité, *car Dieu est esprit.*

— Seigneur, es-tu un prophète qui annonce le Christ qui doit tout rénover ?

— *Je le suis moi qui te parle, non pas seulement un prophète qui ne fait qu'annoncer les choses, mais celui qui accompli les choses annoncées et cela au nom du Père qui m'a envoyé et qu'on appellera bientôt le Christ.*

— Mais je ne suis pas le Christ que vous attendez qui expulsera les Romains militairement par exemple, je suis le Christ de l'esprit et des pensées fondamentales, celui qui accomplira, après Moïse, une nouvelle alliance avec Dieu pour tous les peuples de la Terre y compris les Romains. Et cette nouvelle alliance sera proclamée d'abord devant notre peuple, le peuple juif – elle s'étendra en fait à tous les citoyens de ce monde.

— J'ai cette soif Seigneur et je veux l'étancher à ta fontaine.

— Alors, va dire à tous ce que tu as compris, soies mon messager auprès du peuple et annonce-lui la bonne nouvelle.

La femme se mit à courir vers la ville ; elle venait de recevoir « un enseignement » qui changera à jamais le reste de sa vie et elle pourra dire à son entourage : j'ai vu et parlé au Messie !

Après ce repos, les douze et Resouscris retournèrent à Jérusalem pour la fête de la Dédicace.

Comme c'était l'hiver, Resouscris et ses disciples s'abritèrent au Temple sous le portique de Salomon.

Quelque temps après qu'ils furent installés, un attroupement se forma et l'un des participants, plus hardi que les autres prit la parole et dit : *Maître jusqu'à quand vas-tu nous faire languir ? si tu es le Christ, dis-le clairement.*

Resouscris sentant le danger prit quelque temps avant de leur répondre :

— *Je vous l'ai dit déjà, mais vous ne me croyez pas ; pourtant les œuvres que j'ai accomplies au nom de mon père me rendent témoignage, mais vous ne croyez pas.*

— Seules les brebis que m'a données mon Père croient en moi et elles ont bien raison car elles viennent de mon Père qui est aussi le vôtre comme je ne cesse de vous le dire ; êtes-vous donc si aveugles que vous ne voyez pas ce miracle et êtes-vous donc si sourds que vous n'entendez pas la parole divine qui s'exprime par ma voix ? *En vérité, je vous le dis les aveugles verront et les sourds entendront s'ils écoutent ma voix.*

Le même juif reprit :

— Nous allons te lapider, non pour les bonnes œuvres que tu as accomplies mais pour le blasphème car tu te prétends fils de Dieu et Dieu toi-même.

— *N'est-il pas écrit dans votre Loi vous êtes des dieux ! et on ne peut abolir l'Écriture.* Mais peut-être avez-vous raison certains ne sont pas encore prêts à entendre cette parole et je vais me retirer pour prier mon Père pour qu'il apporte à ceux-là la lumière. *Comprenez donc enfin que le Père est en moi et moi dans le Père !*

— Laissez-moi passer, je serai près du Jourdain, là où Jean baptisait avant sa mort et ceux qui auront trouvé la lumière viendront à moi et je les accueillerais.

Resouscris et les Douze parvinrent à s'échapper avant que les premières pierres ne commencent à tomber.

Après quelques jours de repos au bord du Jourdain, pendant lesquels Resouscris se consacra à enseigner les Disciples et ceux qui les avaient accompagnés. Il leur dit notamment : bientôt, je rejoindrai mon Père dans les Cieux et vous seriez seuls pour apporter concrètement la bonne nouvelle aux peuples du monde, mais si votre corps était apparemment délaissé je serais dans votre esprit partout et toujours.

Jean l'essénien lui demanda :

— Pourquoi dois-tu nous quitter alors qu'il reste tant à faire pour convaincre ne serait-ce que notre peuple, alors pour les autres peuples cela semble surhumain surtout sans ta présence !

— Jean que dit le Maître de justice dans l'enseignement essénien ?

— Il est écrit dans un hymne d'action de grâces : *que l'homme de la paix sera placé comme un signal pour les hommes qui cherchent la justice et cela malgré les hommes de traîtrise qui grondent contre lui ; ceux-là mêmes dont les plans du Malin sont la seule loi et qui se rassembleront pour anéantir la vie de cet homme désigné par Dieu.*

— En effet, Jean et penses-tu que je suis l'homme dont parle ce texte ?

— Tu pourrais l'être en effet car, tes paroles sont de justice et de vérité, mais je ne crois pas que des hommes de traîtrise puissent attenter à ta vie.

— Tu te trompes mon ami, je serai bientôt arrêté et condamné. Mais c'est la volonté de mon Père et je ne puis m'y soustraire.

— Pourquoi Dieu aurait-il envoyé son messager auprès de nous pour qu'il disparaisse alors que sa vie vient juste de commencer et que son enseignement est incomplet ?

— Je suis venu parmi vous pour deux raisons essentielles : vous annoncer la nouvelle alliance avec Dieu et racheter, par mon sacrifice, tous les péchés des hommes pour que soit accomplie sa volonté.

— Mais ne soyez pas désolés car mon enveloppe charnelle n'est qu'un support passager et vous verrez que des prodiges seront accomplis par le « Très Haut » à ce moment et bien après mon départ physique.

— Mais dit Jean, nous serons perdus sans toi que devrons-nous faire alors ?

— Vous devrez témoigner de par le monde et à tous les humains, de mes paroles qui sont les paroles de Dieu.

Jacques s'avança alors et dit : mon frère, Jésus, nous sommes, tout comme toi, les enfants d'Abraham et pas n'importe quel peuple, le peuple de l'alliance avec le « Très Haut » réservée par lui pour nous seuls et non pour l'ensemble de l'humanité !

90

— Jacques, mon frère, tu as tort et raison à la fois. La première alliance était, c'est vrai, destinée aux juifs ; mais j'ai été envoyé par mon père pour conclure une nouvelle alliance qui englobera, cette fois, tout le genre humain.

— Mais tu as raison aussi car nous commencerons par ensemencer d'abord les consciences juives dans une première Église que tu dirigeras alors que Pierre sera responsable de l'Église universelle après la venue d'un homme qui aura la mission de l'organiser auparavant.

— Cet homme sera-t-il l'un d'entre nous ?

— Non Jacques, il sera différent de vous comme l'a décidé le Père ; mais le temps n'est pas encore venu de parler de ces choses.

— Laissez-moi, je dois prier.

Resouscris se retira près d'une butte, à l'abri de l'Antonia où il put être seul. Une fois qu'il eut la certitude de ne pas être entendu, il lança l'appel :

Resouscris appelle... Resouscris appelle...

— Je suis là répondit MOMP.

— Conseiller, tout se passe bien à mon sens ; mais j'aborde la dernière partie avec un peu d'appréhension. Tout est-il bien verrouillé de votre côté ?

— N'ayez aucune crainte Resouscris tout est en place, mais il vous faut faire une dernière action avant le baisser de rideau ; en fait, il s'agira de la résurrection d'un homme que vous connaissez : Lazare. Vous aurez à actionner l'avatar le plus efficace car cette résurrection devra atteindre 6 mois au moins.

— S'agit-il de ce Lazare de Béthanie, dont la sœur Marie m'avait lavé les pieds avec ses cheveux ?

— Celui-là même ; il est très malade presque mourant.

Vous attendrez deux jours pour aller à Béthanie afin qu'il décède vraiment. Le miracle de sa résurrection n'en sera que plus éclatant ! partez avec les douze. Je vous conseille de laisser Marie-Madeleine à Jérusalem car elle n'est pas loin d'accoucher.

— Je le sais. Nous procéderons ainsi. À bientôt.

— À bientôt et courage pour la fin de la mission.

Resouscris revint vers les douze et leur dit : mes disciples, nous allons nous reposer ici pendant deux jours, j'attends un message qui nous indiquera un nouvel endroit.

Jacques et Pierre prirent les dispositions pour le dîner et le coucher. Resouscris fit signe à Marie – Madeleine pour se retirer dans un coin à l'abri des regards et lui dit : Marie, il faut que je te parle et à toi seule.

— Jésus, je suis ta servante, mais pourquoi à moi seule ?

— Ce que j'ai à dire ne doit être entendu que de toi seule ; les autres ne sont pas encore prêts à comprendre mon message.

Resouscris se remémora le discours qu'il avait mis au point pour Marie-Madeleine en espérant que l'intelligence de sa compagne serait suffisante pour qu'elle arrive à la bonne conclusion.

— Je suis bien l'envoyé de Dieu sur cette terre, mais tu dois savoir que je ne suis pas le seul pour le cosmos ; en effet parmi l'immensité du ciel il existe nombre de planètes semblables à la nôtre. Je n'en connais pas le nombre exact mais ce que je sais c'est que Dieu a envoyé un personnage comme moi sur chacune de ces planètes afin d'y réaliser la même chose que je dois faire ici-bas.

L'ensemble de ces envoyés de Dieu constitue « la famille de Dieu » et tous, nous sommes ses fils.

— C'est drôle car ce que tu me dis, répondit sa compagne, je l'avais pressenti et sans rien savoir de précis, je voyais bien que tu étais investi d'une mission qui dépassait la mesure commune des êtres humains.

— Mais dans ce cas quelle sera ma place à moi ? je dois te confirmer que mon état ne me permettra pas de t'aider dans cette mission ; du moins pas avant mon accouchement

— Je le sais bien et c'est pourquoi j'ai voulu te parler.

— Ta mission à toi sera lorsque je serai parti, de préserver ma descendance divine. Tu le feras en quittant la Palestine et en émigrant avec les enfants, en Gaule. Mes instructions te parviendront par la suite dans cette région.

— En Gaule ! mais c'est une contrée sauvage ! les Gaulois adorent des dieux bizarres comme des arbres ; comment pourrai-je m'intégrer dans ce monde et protéger nos enfants seule ?

— N'aie aucune crainte Marie, tout ce qui doit arriver, arrivera. N'oublie pas que les ordres viennent directement du Père.

— Je le sais mais pourquoi dois-je être seule ? pourquoi ne m'accompagnes-tu pas en Gaule ?

— Parce que ce n'est pas le dessein voulu par Dieu et que tout doit s'accomplir selon sa volonté. Je ne suis pas en mesure de m'y opposer.

Donc, voilà ce qui va se passer dans quelques jours au moment de la Pâque :

— Je vais être arrêté par les gardes du temple qui me remettront aux Romains qui me condamneront car usant de leur droit d'amnistier un prisonnier au moment de la Pâque le peuple choisira un bandit plutôt que moi.

Mais ne craint rien tout a été fait par des artifices pour que le peuple me croit mort sur la croix, en fait je serai parti vers le Père juste avant sans aucun dommage ; et je pourrai venir te rejoindre en Gaule dès que cela sera possible.

Marie-Madeleine effarée se mit à pleurer en disant : Jésus, tu sais bien que les choses peuvent mal finir tu prends un grand risque pour nous et pour toi.

— N'aie pas peur, tout est parfaitement organisé par Dieu qui a voulu apporter aux peuples du monde, par mon sacrifice apparent, une nouvelle façon de l'honorer en créant une religion nouvelle qui remplacera l'ancienne.

Certes, celle-ci a rempli sa première mission qui était d'accoler un peuple à Dieu mais elle est aujourd'hui terminée et doit laisser la place à la nouvelle loi.

Et cette nouvelle loi est destinée à inclure tous les peuples de la terre dans une foi unique afin de préparer la grande réunification cosmique.

— Quelle est cette grande réunification ?

— Celle des peuples du cosmos, ceux-là mêmes qui suivent la même route que nous sur la terre en ce moment.

— C'est une vision grandiose de la vie qui serait donc présente sur les planètes ou les étoiles que nous voyons dans le ciel ?

— Pas dans toutes mais dans beaucoup. Je te demande de laisser accomplir le dessein voulu par Dieu et de rester neutre devant les évènements qui vont venir ; tout sera consommé bientôt et nous pourrons avoir une vie familiale normale en Gaule dans quelques mois.

— Je ne sais pas si j'aurais la force de rester neutre et je risque de te trahir sans le vouloir ; si c'est le cas que se passera-t-il alors ?

— Nous verrons bien, mais comme je te l'ai dit, c'est Dieu lui-même qui a conçu ce projet, prévu les conséquences et donc tout sera parfait, j'en suis certain.

— Va maintenant, je dois me recueillir et organiser la fin du programme.

Marie Madeleine sortit de la pièce en murmurant pour elle : je fais partie intégrante d'une chose extraordinaire !

Resouscris s'apprêtait à communiquer avec MOMP, lorsque Pierre entra et lui dit :

— Seigneur il y a les deux femmes qui sont les sœurs d'un homme qui te connaît, paraît-il, et qui voudraient te rencontrer ; elles semblent très agitées.

— Je crois savoir ce qu'elles me veulent, fais-les entrer Pierre.

Ce dernier s'effaça pour laisser passer les deux femmes.

La plus âgée s'adressa à Resouscris en ces termes :

— Seigneur je suis Marie, j'avais eu l'honneur de te laver les pieds avec mes cheveux lors d'un de tes passages dans notre ville.

Nous venons tout droit de Béthanie ; notre frère Lazare est mourant et il t'a demandé sur son lit de mort. Il veut recevoir ta bénédiction avant de rejoindre le Père ; peux-tu venir avec nous et rassurer ton ami Lazare avant son grand départ ; Dieu te le rendra ?

— Marie, le Seigneur m'a tout donné pour le partager avec les hommes ; nous allons venir à Béthanie avec vous et tu verras ce qu'est la gloire de Dieu.

Les douze et Resouscris, accompagnés d'une petite foule, se mirent en marche vers Béthanie éloignée de quelques kilomètres de Jérusalem.

Mais quand ils arrivèrent, un serviteur les attendait qui leur dit : mon maître Lazare est mort dans l'heure qui a suivi votre départ pour Jérusalem, nous avons dû le mettre au tombeau hélas.

Resouscris lui répondit :
— Menez-moi au tombeau et roulez la pierre pour l'ouvrir.
Le serviteur dit :
— Maître, il doit commencer à sentir, il n'est pas prudent de laisser les miasmes de la mort envahir les vivants.
— Va te dis-je, la chair ne quitte pas encore les os que je sache !
Arrivé devant le tombeau ouvert, Resouscris levant les mains et les yeux vers le ciel dit : Père je te remercie d'accomplir ta volonté pour mon ami Lazare, ramène-le parmi nous afin qu'il puisse glorifier ton nom, comme je le fais maintenant pour cette foule incrédule qui m'accompagne ; puis se tournant vers le tombeau il s'écria : Lazare sors de là, au nom de Dieu notre père ! ce faisant, il appliqua le dernier avatar donné par la fédération, qui permettra à Lazare de vivre encore quelques mois.

Lazare apparut alors à la sortie de la tombe, hirsute et totalement hébété mais VIVANT !

Parmi la foule, excepté les douze, certains voyant ce miracle crurent en Jésus comme le fils de Dieu, d'autres plus perverses, doutant qu'il y avait bien eu miracle mais plutôt sorcellerie, s'empressèrent d'aller raconter au Grand Prêtre à Jérusalem ce qu'ils avaient vu.

Tandis que Resouscris qui avait senti la réticence de certains Juifs prit la décision de se retirer un temps pour attendre sereinement la Pâque qui était proche où, il le savait, son destin devait s'accomplir en se retirant avec ses disciples dans un village au bord du désert nommé Ephraïm.

XI

Jérusalem, Palais du Sanhédrin...

Caïphe venait de recevoir les Juifs et les Pharisiens qui avaient assisté à la « résurrection » de Lazare et qui considéraient cet évènement non comme un miracle mais plutôt comme une manifestation de sorcellerie.

Ils s'étaient empressés de parcourir la distance entre Béthanie et Jérusalem pour raconter au Grand Prêtre ce qu'ils avaient vu.

Caïphe les remercia et leur dit qu'il allait réunir un Conseil composé de Juifs et de Pharisiens en part égale afin d'étudier les conséquences qui pourraient découler sur le peuple de cet évènement ; ce qu'il fit dans les minutes suivantes.

Le Conseil réuni, il annonça les raisons de cette réunion.

Après cette annonce, il constata que l'ambiance au sein du Conseil était houleuse !

Certains, heureusement minoritaires, considéraient que ce Jésus était peut-être l'homme providentiel capable de les débarrasser enfin des Romains.

D'autres s'attachaient à savoir si l'homme était ce qu'il prétendait être « le fils de Dieu ». Ce qui constituait un grave blasphème dans cette société et qui était puni, le plus souvent, de mort par lapidation.

Caïphe voyant qu'il ne pourrait pas obtenir une décision unanime, décida de se centrer sur le côté religieux qui pouvait faire passer, selon lui, plus facilement le problème politique aux yeux des Juifs mais surtout aux Romains puisque l'homme se prétendait « fils de Dieu » et même agissait comme le Christ annoncé par les prophètes dans la LOI et en plus Roi des Juifs ; ce qui ne manquera pas d'interpeller Pilate responsable de la puissance de Rome en Palestine.

Un des membres se leva et dit : que faisons-nous ? cet homme accompli de grands signes positifs vers le peuple et si nous le laissons faire, du fait qu'il se prétend un descendant de David et nouveau Roi des Juifs, il va indisposer les Romains qui risquent de détruire le Temple et ensuite notre nation tout entière !

Caïphe saisit au bond ce commentaire et dit : c'est pourquoi je pense qu'il serait un bon bouc émissaire vis-à-vis des Romains pour la partie politique ; nous pourrons quant à nous régler le problème religieux grâce au blasphème qu'il a proféré en tant que fils de Dieu.
Je pense donc que nous devons le condamner religieusement et le remettre à Pilate afin de le rassurer.
— Et si les Romains ne nous suivent pas ?
Caïphe leva les mains en signe d'apaisement.
— Ne vous inquiétez pas, je tiens Pilate en laisse, grâce à une information que j'ai apprise et qui pourrait gravement lui nuire

vis-à-vis du Tétrarque et même au niveau de Tibère ; il fera ce que nous lui dirons de faire.

— Je vous propose d'interroger ce Jésus avant la Pâque prochaine quand il se rendra à Jérusalem, nous arriverons bien à le confondre à cette occasion.

— Attention, l'homme est très fort sur la connaissance de notre LOI ; il faudra être prudent dit un des sages du Sanhédrin.

— Ne sommes-nous pas aussi fort que lui dans la connaissance de notre religion ? je l'espère en tout cas !

La décision fut prise de procéder selon les directives du Grand Prêtre ; Jésus serait convoqué par le Sanhédrin et tout sera fait pour le faire accuser, de plus, en transmettant le dossier aux Romains, ils auront l'impression d'avoir toujours eu le dernier mot en matière de la sécurité de Rome en Palestine.

Caïphe remercia l'assemblée et dit :

— Je vais prendre un rendez-vous rapidement avec Pilate, ce qui me permettra de le sonder.

XII

Village près d'Ephraïm,

Resouscris décida de rester quelques jours dans cet endroit afin de se reposer en prévision des évènements prévus par la Fédération au moment de la Pâque et décida de monter à Jérusalem tout au début afin de prendre de court les Juifs et les Romains qui auraient du mal à réagir rapidement ; c'était du moins le scénario prévu.

Mais il se passait quelque chose de bizarre dans l'esprit de Resouscris ; il savait bien qui il était, d'où il venait et pour quelle mission il se trouvait sur la Terre mais sans doute à cause de la qualité du dossier que lui avait remis MOMP, qui relatait, entre autres les paroles de l'enfant ; il s'identifiait de plus en plus à Jésus !

Bien qu'avant il ne croyait pas à la continuité de l'âme humaine après la mort, il ne pouvait s'empêcher de penser comme l'enfant aurait pu selon lui le faire aussi, que des personnages étaient comme « désignés » pour accomplir un destin hors du commun.

Ce sentiment de fusion avec Jésus était si fort qu'il commençait à croire qu'il était la réincarnation de l'enfant et qu'il devait remplir à sa place le destin que sa mort avait empêché.

Il n'avait pas envie de le dire à MOMP car il sentait bien que cela n'entrerait pas dans les vues du Conseiller.

De toute façon, Resouscris ferrait ce qui lui semblerait juste, sans se préoccuper des avis différents.

Il rassembla les douze et leur demanda de rester au village et de réfléchir à leur action future pour transmettre le message nouveau.

Quant à lui, il leur dit qu'il allait prier au désert.

Il se trouva un abri derrière une dune, à l'abri du soleil dévastateur et entama le processus d'appel :

Resouscris appelle..., Resouscris appelle...

Je suis là répondit presque aussitôt MOMP, qui y-a-t-il Resouscris ?

— Conseiller la fin approche de son dénouement, je voudrais revoir avec vous les modalités de l'opération afin de la mener à bien.

— Eh bien ! comme cela a été prévu, vous allez être arrêté, conduit devant le Sanhédrin qui vous demandera des explications sur votre présence à Jérusalem ; vous répondrez que c'est votre père qui vous a envoyé pour sceller avec les peuples de la Terre – et pas seulement le peuple juif – une nouvelle Alliance qui remplacera l'ancienne et qui fera dorénavant force de loi.

— J'ai bien compris mais je parlai des modalités de ma « mort ».

— Comme ce genre de parole constitue un blasphème pour les Juifs, vous serez déclaré coupable et condamné à être lapidé ; avant que l'opération ne commence, nous enverrons un nuage paralysant sur les spectateurs et vous remplacerons par un cadavre que nous avons trouvé près du cimetière et qui vous ressemble vaguement (ce qui n'est pas grave car un visage après lapidation n'est pas très reconnaissable) ; votre avatar sera emmené au tombeau duquel nous vous tirerons la nuit même afin que vous puissiez apparaître aux douze quelque temps après.

— Et les Romains ? ne risquent-ils pas d'interférer dans ce scénario.

— Non, car ils considéreront que c'est un problème local qui n'a aucune action contre leur souveraineté et ils laisseront ce problème aux seuls juifs ; n'ayez aucune crainte Resouscris, tout cela a été analysé, tout ira bien. Allez maintenant accomplir la phase finale de votre mission.

MOMP ne dit rien de plus, il avait un peu honte vis-à-vis de Resouscris, car le Conseil de la Fédération avait décidé de le sacrifier, persuadé que sa « vraie » mort serait plus crédible pour installer cette nouvelle religion qui favoriserait le retour de l'humanité primordiale sur la terre.

De plus, il savait, grâce à la robe de Resouscris, spécialement imprégnée pour connaître les pensées de celui qui la porte, le dilemme qui l'habitait et l'impression qu'il avait d'être réellement la réincarnation de l'Enfant Jésus.

Cette situation et ses conséquences n'avaient malheureusement pas été prévues par le Conseil et MOMP avait très mal évalué l'importance qu'avait prise l'enfant dans l'esprit de Resouscris ; ce qui voulait dire que le dossier fourni par les équipes d'évaluation de la Fédération était incomplet et ne prenait pas en compte l'évolution possible de l'esprit de Resouscris. MOMP devra faire la remarque à ses équipes et châtier les incompétents.

Mais, en fait, cela ne pouvait avoir de fâcheuses conséquences sur la suite de l'opération puisque la « vraie mort » de Resouscris avait été décidée par le Conseil.

Malgré tout, c'était un risque à prendre car Il savait aussi que le Sanhédrin, pour se dédouaner, renverrait Resouscris aux Romains et que ces derniers, sur demande du Grand Prêtre, appliqueraient la sanction romaine pour un tel crime : la crucifixion.

Tout le monde, sauf Resouscris, y trouverait son compte : Caïphe qui renforcerait sa crédibilité vis-à-vis des Romains et du peuple, Pilate qui pourrait se prévaloir auprès de l'empereur Tibère, d'avoir évité des troubles graves en Palestine ;
Tibère était sans doute un pervers sexuel mais aussi un bon organisateur politique et il serait reconnaissant à Pilate d'avoir gardé l'intégrité des frontières sud de l'empire.
C'est du moins ce que pensait MOMP.

Pourtant, MOMP aimait bien Resouscris et aurait voulu, sans doute le sauver, mais l'enjeu était trop important pour l'Humanité primordiale ; et même si cela lui déplaisait, il laisserait se dérouler le processus prévu.
— Dommage !
— J'y vais Conseiller espérons que tout ira bien.

XIII

Resouscris rassembla les douze et leur dit : mes Frères, nous allons célébrer la Pâque à Jérusalem, mais avant nous irons prendre des nouvelles de Lazare à Béthanie.

— Pierre avec Jean allez préparer le peuple à notre venue. Faites-le plus de bruit possible sur cette venue car le Père a précisé qu'elle ne devait pas passer inaperçue.

— Attention, dit Pierre, nous avons beaucoup d'ennemis en ville et je crois que certains Pharisiens que je connais seraient bien contents de vous assassiner.

— Je le sais Pierre, mais ce qui doit arriver, arrivera ; c'est la décision divine que je donne ma vie pour sauver le monde de ses péchés et même si je le voulais je ne pourrai m'y soustraire.

Tandis que les deux Apôtres désignés s'apprêtaient à partir, le reste de la troupe se dirigea vers Béthanie où elle arriva dans la soirée.

Dans six jours, ce serait la Pâque.

Une fois arrivée, la troupe se reposa. Lazare et ses sœurs avaient préparé un repas pour honorer Resouscris et les douze ; Marthe servait le repas tandis que Lazare et Marie étaient des convives parmi les autres.

À la fin des agapes, Marie se leva et prit une livre d'un parfum très coûteux – le Nard – et se mit à oindre les pieds de Resouscris ; la bonne et subtile odeur du parfum se répandit, alors, dans toute la maison.

Judas qui était le trésorier de la troupe prit la parole en ces termes : on aurait mieux fait de vendre ce parfum au moins trois cents deniers que nous aurions pu donner aux pauvres !

— Tais-toi Judas ; elle devait garder cette onction pour ma sépulture, mais il est bon que cela soit fait maintenant car vous aurez toujours les pauvres à soutenir alors que moi, vous me perdrez bientôt

— Mais pourquoi ces paroles Rabbi, dit André le frère de Pierre, crois-tu que ta mission soit terminée ?

— Elle sera terminée pendant cette Pâque ; et ce sera à vous de continuer la mission que j'ai commencée ici-bas.

— Je vous l'ai déjà dit : en vérité, c'est Dieu lui-même qui a voulu cela

— Je suis son instrument mais vous, mes disciples, avez été choisi pour annoncer, à la multitude, cette nouvelle alliance qui remplacera l'ancienne, car elle est universelle et profitable à tous les peuples de la Terre.

— Avec moi, vous êtes devenus des fils de Dieu – des enfants du Père.

— Sans toi, dit Philippe, nous serons perdus !

— Non Philippe, vous ne pouvez-vous perdre quand Dieu trace le chemin ! il pourvoira à tous vos besoins puisqu'il a voulu cela ; dans les temps futurs, on se souviendra de moi mais aussi de vous car vous êtes ceux qui ont connu et accompagné sur cette terre le « fils de l'homme » dans sa marche vers la lumière.

Judas, comme cela avait été prévu avec Resouscris, prit alors la parole :

— Le monde a déjà du mal à te croire qu'en sera-t-il de nous qui sommes la poussière de tes sandales ; j'ai peur que l'aventure ne s'arrête après ton départ.

— Toi plus qu'un autre, Judas, sait bien que ce ne sera pas le cas ; si j'ai fait ce que demandait le Père, tu devras à ton tour faire ce que tu dois réaliser quand l'heure sera venue.

— Je le ferai Rabbi, quoi que cela m'en coûte.

— Alors tout sera consommé. Partons maintenant vers Jérusalem accomplir notre destin.

On avait dit à Caïphe que Pilate se trouvait comme souvent à son habitude à la caserne Antonia qui jouxtait le Temple ; ayant obtenu une audience avec lui, le Grand Prêtre se dirigea vers ce lieu.

Pilate s'entraînait au combat à l'épée avec ses légionnaires ; il aimait beaucoup ces exercices physiques qui le délassaient un peu de son travail sédentaire d'administrateur politique ;

Cette fonction pourtant n'impliquait pas de violentes confrontations viriles du corps comme un combat militaire mais des subtilités de l'esprit presque aussi dévastatrices qu'un combat, quand il fallait appliquer la politique de l'Empire en maintenant une sérénité entre les communautés présentes en Palestine.

Ce n'était pas simple et Pilate savait que Tibère ne lui passerait aucune erreur.

Jusqu'à maintenant, il avait réussi à maintenir une situation à peu près satisfaisante

Un légionnaire vint lui annoncer que Le Grand Prêtre était arrivé et qu'il l'attendait dans le vestibule.

Pressentant un problème, Pilate vint l'accueillir.

— Sois le bienvenu, Grand Prêtre, que peut Rome en général et moi en particulier, pour toi ?

— Je dois te parler Procurateur, c'est urgent et important.

— Mettons-nous dans cette pièce fermée alors, nous pourrons discuter à l'abri d'oreilles indiscrètes.

Ils s'avancèrent vers un local attenant au vestibule qui semblait convenir et s'attablèrent à l'intérieur.

— Je t'écoute.

— Procurateur tu connais les difficultés que mon peuple rencontre à cause de l'occupation de notre pays par Rome ; ensuite, tu sais aussi que dans la mesure de mes moyens j'ai toujours essayé que cette occupation se passe avec le moins de soucis possible pour nous mais aussi pour toi.

Or depuis quelque temps, nous sommes soumis à des agressions religieuses verbales de la part des christianis, notamment l'un deux le plus virulent un certain Jésus qui se prétend fils de Dieu et Roi des Juifs, ce qui est une grande hérésie et un blasphème pour notre foi.

— J'ai fait suivre ce prophète par un de mes légionnaires ; son rapport concernant cet homme a été plutôt positif il ne recommande pas la violence dans ses sermons ; et son propos reste au niveau de la philosophie et de la Thora ; je ne crois pas qu'il soit bien dangereux pour Rome.

— Détrompe-toi Pilate ! nos prophètes nous disent bien que les paroles sont quelquefois plus efficaces qu'une armée et ce Jésus parle de sa descendance qui serait celle de David ! et en s'affirmant, comme roi des juifs, il pourrait prôner la révolte contre Rome.

— Je n'y crois pas, Caïphe, à l'évidence pour moi cet homme n'est pas un terroriste et mon légionnaire ne m'a rien dit contre cet homme ; je peux le faire appeler si tu le désires.

— J'aimerai bien en effet.

Pilate fit signe à un garde et lui dit :

— Fais venir Vitius immédiatement.

Quelque temps après, un grand gaillard musclé se présenta :

— tu m'as demandé Procurateur ?

— Oui Vitius, rapporte au Grand Prêtre tes conclusions sur la personnalité de ce Jésus que je t'avais demandé de suivre et d'observer.

— Il n'y a pas grand-chose à dire c'est encore un de leur prophète à la noix qui ne rêve que d'absolu et qui parcourt la région avec de belles paroles bien inutiles de mon point de vue – on sentait du mépris dans les paroles du légionnaire qui n'aimait pas tous ces peuples mineurs asservis par l'Empire.

Malgré cela, reprit Vitius, je ne dirai pas que cet homme est dangereux pour nous ni d'ailleurs sa bande de va-nu-pieds qu'il appelle ses disciples.

— Qu'est-ce que je t'avais dit répondit Pilate. D'ailleurs, tout ceci me semble relever de ta compétence religieuse et je ne souhaite pas m'immiscer là-dedans ; débrouille-toi Caïphe.

— Procurateur, je souhaite te parler en privé.

— Comme tu voudras ; merci, Vitius.

Celui-ci s'inclina et sortit de la pièce.

— Je t'écoute dit à nouveau Pilate.

— Je suis venu te demander de l'aide car ce Jésus va se révéler être un danger pour la communauté et même si tu crois pouvoir échapper au problème, tu te trompes et je veux que tu règles l'affaire en tant que détenteur de la puissance romaine car cet homme la met en danger indirectement. Et cela doit rester une affaire politique et je ne veux pas que la religion interfère car cela ne serait plus maîtrisable ni par nous et encore moins par vous.

— Ne crois pas cela, nous avons soumis des peuples autrement difficiles que le tien et je refuse de faire le sale travail pour vous. D'ailleurs quel intérêt y trouverais-je ?

— La tranquillité sur cette province ; mais si tu refuses encore j'ai un moyen de te faire plier.

— Lequel ? je suis curieux de l'entendre.

— Eh bien, je ne suis pas sûr qu'Hérode Antipas serait heureux d'apprendre que tu couches avec son épouse au mépris des lois naturelles ; et connaissant le Tétrarque, je pense qu'il te ferait payer cet affront et préviendrai Tibère au minimum et ferai lapider sa femme.

— Ainsi c'est donc ça et quelle preuve apportes-tu ?

— Tu sais bien qu'on n'a pas besoin de preuve quand la rumeur vraie ou fausse est à l'œuvre. Veux-tu tenter le diable ? après tout, tu n'es pas à une crucifixion près ! en accédant à ma demande tu échappes a beaucoup de soucis.

Ne cherche pas d'échappatoire je te tiens et ne pense pas à une action brutale vis-à-vis de moi car j'ai consigné toute l'affaire dans un parchemin à remettre au Tétrarque et à César s'il m'arrivait quelque chose.

— Tu n'arriveras pas à m'intimider même s'il est vrai que j'ai eu cette relation avec Hérodiade que délaissait son mari le Tétrarque. J'ai pu la consoler un temps mais aujourd'hui c'est terminé d'un commun accord.

— Penses-tu vraiment que tu as eu de l'influence sur elle ? C'est exactement le contraire ; crois-moi Pilate je la connais bien.

— Me penses-tu aussi naïf ? mais c'est une autre histoire ; je vais faire ce que tu demandes mais à une condition, je ferai choisir le peuple entre cet homme et des bandits pour la grâce que j'accorde comme il est de tradition à chaque Pâque. Mais si le peuple choisit Jésus comme gracié, je serai obligé d'accepter et tu m'auras fait chanter pour rien.

— Je ferai le nécessaire pour que Jésus ne soit pas gracié par mon peuple.

— On dirait que tu en as vraiment peur !

— C'est vrai j'ai peur de cet homme car il représente un danger pour notre société, notre religion mais aussi pour Rome contrairement à ce que tu penses.

— Encore une fois, je ne pense pas que cela concerne l'Empire.

Autre chose !

— Caïphe, c'est la première et la dernière fois que tu me fais chanter ; s'il y a une prochaine fois, saches que je te ferai emmener par mes gardes, tout Grand Prêtre que tu es, et mettre dans un cachot si profond où tu pourriras longtemps.

Est-ce compris ?

— J'ai compris ; donne-moi Jésus de Nazareth et je t'assure que tout ira bien de nouveau. Nous pourrons mener nos affaires en toute quiétude. Je te remercie de m'avoir reçu Procurateur.

— Tiens-moi au courant Caïphe.

Pilate sonna avec la petite cloche de son bureau et dit au légionnaire qui venait d'entrer :

— Raccompagne le Grand Prêtre. Et demande à Ophus de venir me voir maintenant.

En sortant de l'Antonia, Caïphe se dit que cela s'était passé au mieux, il fallait maintenant mettre en œuvre le processus. Et d'abord savoir où était Jésus.

En passant par le Parvis des gentils, il entendit deux hommes qui criaient à la ronde :

Le Seigneur vient à nous, il entrera à Jérusalem, pour nous sauver de nos péchés, alléluia, alléluia !

XIV

Jérusalem...

Resouscris, avant de partir vers Jérusalem, s'adressa à la foule de Béthanie qui s'était déplacée pour « voir le miracle » de la résurrection de Lazare qui s'était replié vers sa maison pour se reposer non sans s'être fait toucher et manipulé par des juifs présents sur le trajet qui va du tombeau à son domicile.

Il leur dit la parabole des mines qui raconte l'histoire d'un roi haï par ses concitoyens malgré les dons de mines à exploiter pendant son absence qu'il leur avait faits et termina son discours ainsi :

Je vous le dis à tout homme qui a, on donnera ; mais à qui n'a pas, on enlèvera même ce qu'il a ; quant à mes ennemis, qui n'ont pas voulu de moi pour roi, amenez-les ici et égorgez-les en ma présence.

Cette parole très différente de celles prononcées les autres jours, étonna Jean qui murmura à l'oreille de Pierre : que dit-il ? il nous demande de pardonner à nos ennemis et ici il veut les tuer ! Pierre répondit toujours à voix basse : il faudra lui demander, c'est en effet inhabituel venant de lui mais s'il le dit cela doit être juste.

Resouscris et les dix apôtres restants (Pierre et Jean étant partis à Jérusalem pour annoncer la venue de Jésus) prirent alors la route vers la ville du Temple de Dieu.

À l'approche de Jérusalem Resouscris leur dit : allez dans la campagne vers l'orient à peu de distance vous trouverez un homme et un ânon, vous lui direz de vous donner l'animal et me l'apporterez car le fils de l'homme ne peut entrer à Jérusalem à pied.

C'est ce qu'ils firent et trouvèrent, en effet, l'homme et l'ânon à peu de distance. Avant qu'ils demandent à l'homme le don de l'âne, celui-ci leur dit : prenez cet ânon et conduisez-le à Jésus qui vient au nom du Seigneur !

Heureux de ne pas avoir de discussion avec le propriétaire de l'âne qui aurait pu refuser, ils ramassèrent le licol et retournèrent vers Resouscris que l'homme connaissait sous le nom de Jésus.

Resouscris enfourcha l'animal en tapotant gentiment son crâne et lui murmura à l'oreille :
Porte-moi vers mon destin petit âne tu seras l'instrument involontaire de la volonté divine. Comme s'il avait conscience de l'importance du trésor qu'il portait sur son dos, l'âne se mit à trottiner vers Jérusalem.

Resouscris pu constater que les Apôtres Pierre et Jean qu'il avait envoyés sur la route de Jérusalem pour son arrivée, avaient bien travaillé, le long de la route était bordé avec des hommes, des femmes et des enfants qui criaient en agitant des rameaux d'olivier : *hosanna ! hosanna ! béni soit celui qui vient au nom du Seigneur. Le Roi d'Israël !*

Il aperçut Pierre qui se tenait avec Jean près d'un groupe agité et leur fit signe de le rejoindre ; s'adressant aux disciples, il leur dit : avez-vous payé ces gens pour leur présence ? Non ! répondit Jean, ils sont là de leur plein gré. Nous avons juste signalé ta venue à quelques-uns et le bouche à oreilles a fait le reste.

— Jean dit Pierre dit au Seigneur ce que nous avons vu sur la place devant le Temple.

— Rabbi, c'est vrai, nous avons découvert Caïphe qui sortait de l'Antonia, il nous a vus mais semblait pressé de retourner au Temple.

— Je te l'avais dit Rabbi dit Jean ; j'ai peur qu'il te joue un tour à sa façon. C'est un homme qui est connu pour son intelligence et sa roublardise ; nous devons rester extrêmement prudents.

Resouscris estima qu'il était utile de les préparer à la suite et répondit :

— Ce qui a été prévu par l'Éternel doit s'accomplir et Caïphe n'est que l'instrument involontaire du Père. Il est sa marionnette et n'en a pas conscience.

— À Jérusalem, au Temple, vous verrez encore l'accomplissement de la volonté du Père et la justification de ma venue.

— Que va-t-il se passer au Temple dit Pierre ?

— Attendez et vous comprendrez pourquoi le Père m'a envoyé vers vous et vers les hommes de cette nation.

Arrivés devant les remparts de la ville, il prit la parole fortement pour que la foule et les disciples entendent son discours :

— *Ah ! Jérusalem, si tu avais, en ce jour, compris mon message de paix !*

Mais hélas ! il est demeuré caché à tes yeux. Des jours de misère fondront sur toi quand tes ennemis t'environneront... ils t'écraseront sur le sol, toi et tes enfants qui seront restés dans tes murs ; ils ne laisseront pas en toi pierre sur pierre car tu n'as pas reconnu le temps où tu as été visitée.

Ils durent entrer par la Porte des Esséniens car celle près de la Tour de Siloé était fermée. Se dirigeant au nord-est ils passèrent près du palais d'Hérode Antipas et se dirigèrent vers le Temple et le parvis des Gentils.

En arrivant sur le Parvis, Resouscris avisa les différentes échoppes, marchands et commerces divers qui occupaient la place grâce à l'autorisation donnée par le Grand Prêtre qui, bon commerçant, percevait une taxe sur les ventes réalisées, lesquelles servaient à l'entretien du Temple ou aux achats pour les holocaustes.

Devant ce « bazar bruyant », Resouscris décida de déclencher pour la deuxième fois l'action qui avait été mise au point la veille avec Judas ; il agrippa fortement les vendeurs et les chassa en s'écriant : *il est écrit, ma Maison est une maison de prières et vous en avez fait un repaire de brigands !* Partez tous de cette enceinte sacrée vous n'êtes pas dignes d'y séjourner, je vous en chasse de par la volonté de mon père pour accomplir sa volonté.

Effrayés par la force de ce grand gaillard, les marchands s'enfuirent ; mais ils conservèrent une haine envers lui ; et cette haine servirait bientôt à le confondre.

Resouscris savait tout cela car c'était prévu bien avant cette journée. Le temps qui restait avant la Pâque, il enseignait chaque jour dans le Temple et passait ses soirées avec les douze dans la maison louée par Marie.

Son enseignement donné jour après jour dans le Temple, s'il enchantait certains désespérait d'autres ; un jour, les prêtres et les scribes accompagnés par des Anciens vinrent à lui et lui dire :

— Dis-nous par quelle autorité tu enseignes ? Qui t'a donné ce pouvoir de commenter la LOI action qui nous est réservée ?

Resouscris vit le parti qu'il pouvait tirer de la situation et leur dit :

— *Je vais vous poser moi aussi une question, dites-moi le baptême de Jean venait du ciel ou des hommes ?*

Comme ils savaient que leur réponse pourrait prêter à confusion pouvant déclencher des problèmes avec les prêtres, ils préférèrent lui répondre qu'ils ne savaient pas. Resouscris répondit :

— *Alors, moi non plus, je ne dis pas par quelle autorité je fais cela.*

Un autre jour, décidés à le confondre, ils se mirent aux aguets afin de le prendre en défaut ; ils lui posèrent cette question : Maître nous savons que tu enseignes dans la droiture peux-tu nous répondre à ceci, nous est-il permis ou non de payer le tribut à César ?

— *Montrez-moi une pièce d'un denier, de qui porte-t-il l'effigie ?*

— De César, lui répondirent-ils.

— *Eh bien rendez à César ce qui est à César et à Dieu ce qui est à Dieu !*

Resouscris enregistrait les mouvements de la foule en sa faveur, mais il constatait aussi qu'il y avait de plus en plus de réfractaires à son enseignement ; certains de ses auditeurs affichaient même une hostilité sans retenue.

Il ne savait pas si cela servirait ou non le plan mis au point sur le vaisseau mère avec MOMP et comme il était prudent, il décida de s'en ouvrir à Judas car il avait constaté que ce dernier était de bon conseil et qu'il était respecté par le Conseiller.

Pendant que les douze étaient occupés à diverses tâches du quotidien, il avisa Judas et lui fit signe de le rejoindre dans un coin tranquille de la maison.

— Judas, j'ai besoin de ton avis ; nous gagnons chaque jour des adhérents mais aussi des opposants dans la même proportion ! Crois-tu cela nuisible à notre mission ? et qu'en pense MOMP.

— Je ne crois pas mais il faudrait savoir ce que pense Pilate ou Caïphe car cela dépend d'eux ; en fait de la compréhension de ce que NOUS avons instillé dans leur esprit ! Tu devrais appeler MOMP.

— Fais-le pour moi comme cela je n'aurais pas tendance involontairement à trahir sa pensée. Merci.

Fort de ces nouvelles instructions, Judas rejoignit les autres dans la maison. Il revint dans la soirée et contacta Resouscris qui revenait du Temple.

— Resouscris, j'ai eu MOMP, il pense qu'il faut commencer les manœuvres et je te préviens qu'il veut déjà que je te « trahisse » auprès des prêtres.

— La Pâque n'est que dans deux jours, ce n'est pas un peu tôt ?

— Non, il pense que les prêtres vont se méfier et qu'ils vont se renseigner sur ma défection ; ce qui laissera du temps pour préparer le mont des Oliviers.

— Bon ; allons préparer le repas Pascal. Tiens-moi au courant de ta visite à Caïphe.

Judas se dirigea vers les salles du Sanhédrin, où il trouva quelques prêtres en train de ranger des chandelles de suif et divers accessoires utiles dans le rituel du Temple. Il s'approcha de l'un deux et dit : comment pourrais-je contacter le Grand Prêtre, j'ai une communication importante à lui faire.

— N'es-tu pas l'un des disciples de ce Jésus qui enseigne au Temple ?

— En effet et c'est pour cela que Caïphe voudra m'entendre ; peux-tu lui faire savoir que je suis là ?

Le prêtre acquiesça et se dirigea vers le Saint des Saints où il savait trouver le Grand Prêtre

Quand Caïphe s'approcha discrètement, il reconnut un disciple de Jésus, ce perturbateur dangereux qu'il voulait éliminer. Avait-il envoyé cet émissaire pour négocier un quelconque traité ?

— Tu voulais me voir, qui es-tu ?

— Je suis Judas Iscariote, l'un des disciples de Jésus de Nazareth, celui qui enseigne en ce moment dans le Temple chaque jour.

— Je connais cet homme et je l'ai autorisé à enseigner en effet ; dois-je m'en soucier ?

— Oui, je crois, ce prétendu Rabbi a une grande culture de la LOI, mais il en détourne à son profit les bienfaits. Et à force de proclamer des mensonges, il a fini par y croire.

— Il me semble qu'il n'est pas le seul à y croire, toi aussi et malheureusement beaucoup d'autres. Pourquoi viens-tu aujourd'hui le trahir ?

— Il m'a promis beaucoup de choses et je l'ai pris souvent en flagrant délit de mensonge. Méfiez-vous il est très fort et pourrait vous créer des difficultés dans votre ministère. Contre une petite somme d'argent, je pourrais vous le livrer si vous le souhaitez.

— Ce ne sont que des conjectures ; Peux-tu prouver tes dires ?

— Ses miracles par exemple, il y a dans ses actions beaucoup d'habileté dans les manipulations, et le gogo se trouve pigeonné, car il n'y voit que du feu. Mais cela pourrait rester au niveau du spectacle ; beaucoup plus dangereuse est son affirmation quand il se prétend « Roi des Juifs » et surtout « Fils de Dieu ».

— J'ai fait des recherches, dit Caïphe, il semble bien qu'il soit, comme il se prétend, de la lignée de David.

— La belle affaire Grand Prêtre ! nous sommes tous descendants des Douze tribus d'Israël et on peut trouver dans chaque famille un lien avec nos Rois ou nos Prophètes !

— En effet, mon ami mais c'est plus probant chez lui.

Car selon les textes sacrés et ma recherche, on trouve dans sa lignée, Zorobabel, le premier sauveur de notre peuple qui a mis fin à l'esclavage imposé en son temps par Nabuchodonosor et conduit dans la sécurité le retour de Babylone dans notre Terre Promise. Il s'est saisi du titre de nouveau Sauveur avec habileté je dois le reconnaître.

— Il est très habile, comme je te l'ai dit.

— Cela ne me dit toujours pas pourquoi tu veux le trahir.

Judas se donna un petit temps de réflexion afin de présenter au Grand Prêtre, la fable qu'ils avaient prévue, de donner à Caïphe Resouscris et lui.

120

— Grand Prêtre, il m'a dit en confidence que son but était de te remplacer au Sanhédrin, puis une fois cette première étape réussie de prêcher la révolte armée pour tenter d'anéantir les Romains de Jérusalem.

Et je ne suis pas d'accord pour une guerre civile qui pourrait détruire notre peuple.

— En effet, tu as raison, l'heure n'est pas encore venue pour chasser les Romains, nous ne sommes pas assez forts militairement ; c'est trop tôt. Mais tes scrupules envers notre peuple t'honorent, mais pourquoi demandes-tu d'être payé ? cela efface un peu la noblesse de ta démarche.

— Parce que j'estime que tout travail mérite salaire et qu'il est normal que tu rémunères justement, une action qui va te débarrasser d'un souci important pour ta crédibilité dans l'exercice de ta fonction.

— Combien veux-tu ?

— Je pense que 30 deniers d'argent seraient une juste rémunération.

Caïphe acquiesça et dit : tu les auras, comment vas-tu nous le livrer ?

— Nous avons pris l'habitude d'aller après le repas du soir, au jardin des Oliviers, près de Gethsémani, sur l'autre rive du Cédron à l'est du Temple ; je sais que nous irons après la fête des azymes ; quand vous viendrez, dites à vos gardes que celui que je baiserai sur le front sera Jésus de Nazareth.

— C'est bien, je te fais apporter ton argent. Mais attention ne t'avise pas de me trahir car tu le paierais de ta vie.

— Je ne suis pas stupide.

Un secrétaire comptable apporta dans le bureau l'argent promis à Judas, lequel le compta consciencieusement devant

Caïphe pour bien marquer devant le Grand Prêtre son rôle de traître intéressé mis au point avec Resouscris.

Apparemment satisfait, il empocha les trente deniers et sortit du bureau du Grand Prêtre, non sans lui lancer : à bientôt !

Quand Judas sortit de chez Caïphe, il était ravi ; le plan décidé avec Resouscris et validé par MOMP semblait en bonne voie.

Mais en homme prudent, Judas se repassa dans la tête les différentes phases prévues.

Le procès ne posait pas de problème Resouscris en tant que Jésus serait sûrement condamné à mort. Mais connaissant le Sanhédrin et son chef, il est probable qu'ils se déchargeront sur les Romains pour faire le sale travail arguant du fait que pendant la Pâque, il ne pouvait y avoir d'exécution capitale de la part de Juifs et donc qu'il y aurait crucifixion et non lapidation.

Judas, sur la demande de MOMP, avait trouvé au sein d'un asile situé dans le quartier des fous un homme ressemblant vaguement à Resouscris qui serait habillé comme lui et substitué au dernier moment.

Il n'aurait aucun mal à soudoyer des légionnaires pour fermer les yeux sur la substitution s'il y mettait le prix ; ce qu'avait accepté Resouscris non sans avoir une pensée fraternelle pour le pauvre individu qui serait supplicié à sa place... à moins qu'il réalise « vraiment » la prophétie en devenant Jésus ; ce genre de pensée revenait « naturellement » de plus en plus souvent dans sa tête et il se plaisait à penser qu'il était réellement cet enfant divin et que sa mission allait bien haut de la de celle de MOMP. Mais dans ce cas, il savait qu'il allait souffrir affreusement que ce soit par la lapidation ou la crucifixion si c'étaient les Romains qui auraient la tâche de l'exécution ; cependant, quelque part il lui semblait qu'il avait été choisi pour accomplir cette chose inouïe de mourir vraiment ; choisi par une force inconnue qui dépassait de loin la mission de MOMP et la Fédération Galactique dont il se savait pourtant issu !

Malgré la terreur qu'il ressentait légitimement, il ne put échapper à cette force qui le poussait vers un destin qu'il n'avait pas prévu mais dont la justesse s'imposait à son esprit. Il décida de se laisser porter par les évènements et de commencer à préparer les Apôtres à cette situation dramatique.

Un jour proche de la Pâque, en sortant du Temple, il réunit les douze et montrant les murs de celui-ci il dit :
— *Vous voyez tout cela. Eh bien je vous le dis,* bientôt il ne restera rien de ce Temple et tout sera détruit.

Les Apôtres étonnés désignèrent Jean pour demander des explications à celui qu'ils prenaient pour Jésus : ce dernier se tourna vers Resouscris et dit,
— Rabbi, pourquoi nous dis-tu ces choses et quand cela doit-il arriver ?
— Ne vous laissez pas abuser, répondit Resouscris, il en viendra beaucoup sous mon nom qui diront « c'est moi le Christ » et ils abuseront bien des justes ;
— Ils dresseront les nations contre les nations, les royaumes contre les royaumes et vous pourrez être reconnus coupables de ces catastrophes car vous serez venus en mon nom.
— On vous livrera à la souffrance et vous serez haïs et peut-être même mis à mort à cause de votre adhésion à la nouvelle alliance que notre Père a voulu donner au monde par mon entremise.
Ne vous alarmez pas !
Il faut que ces choses arrivent pour que le Royaume de Dieu descende sur cette terre ; Comme l'a annoncé Daniel, il faut que

tout soit détruit pour que tout recommence et le sage qui aura tenu bon sera sauvé.

— Ne soyez pas chiches, le royaume des Cieux est entre vos mains ; et rappelez-vous la conclusion de ma parabole des talents « on donnera à tout homme qui a déjà ». Or vous avez déjà tout le savoir que je vous ai donné ainsi que l'obligation de le partager avec tous les hommes sur cette terre quand je vous aurai quitté.

Pierre prit alors la parole en latin pour avoir plus d'impact :

— *QUO VADIS DOMINE ? (Où vas-tu Seigneur*) et pourquoi nous quitter ta tâche est-elle terminée ?

— Je te l'ai déjà dit, Pierre, le Père m'a sacrifié, je dois mourir à cette vie, pour renaître dans l'autre ; et ce sacrifice pardonnera tous les péchés du monde ; mais je vous le dis en vérité, trois jours après ma mise au tombeau, je ressusciterai et rejoindrai notre Père et bien qu'assis à sa droite, vous me verrez pourtant encore parmi vous.

Mais la Pâque est dans deux jours et le fils de l'homme sera livré pour être crucifié, je ne peux rien y faire et vous non plus. Allez à Jérusalem préparer notre repas pascal, je vous révélerai des choses encore qui vous seront utiles quand je serai parti.

Pierre, Jean et Judas se rendirent à Jérusalem et finirent par trouver, près de la piscine de Siloé, une auberge qui avait une pièce libre à l'étage et un propriétaire qui acceptait de les recevoir malgré les risques inhérents à la personnalité du Rabbi Jésus bien connu notamment du petit peuple. Resouscris, en tant que Jésus le remercia vivement et lui dit : *mon temps est proche et nous allons célébrer la Pâque un jour avant…* c'est-à-dire ce jeudi car demain je serai requis par d'autres choses hélas !

L'aubergiste répondit : Maître, j'ai tout préparé selon le vœu de tes disciples ; vous aurez du pain azyme, du vin et des fruits secs.

Ainsi cela étant dit, ils montèrent à l'étage et se repartirent autour de la table, Resouscris étant au milieu Jean et Judas à gauche et à droite de lui.

Marie-Madeleine et Marie la mère de Resouscris/Jésus étaient en bout de table et s'apprêtaient à aider au service du repas ; ce dernier leva la main et leur dit : Femmes il ne vous est pas donné de servir ce soir écoutez plutôt ce que j'ai à dire car le temps est venu et cela doit être dit et compris par tous et toutes.

Resouscris avait réfléchi dans la journée au discours qu'il tiendra le soir ; il fallait marquer les esprits ; il en avait discuté discrètement avec Judas qui lui avait simplement confirmé les propos de MOMP « faire en sorte qu'on se souvienne de lui ! » Resouscris avait mis en place dans sa tête deux actions symboliques que les douze n'oublieraient jamais : un rituel de table appelé en grec eucharistie (donner ou recevoir une grâce) et une prière facile à apprendre que les apôtres pourront diffuser quand il sera parti. Plus les choses avançaient, plus la vocation messianique s'installait en lui ; il ne comprenait pas pourquoi cette vocation « tombait sur lui » d'autant qu'au sein de la nouvelle humanité les préoccupations de type religieuses n'étaient pas son credo mais il sentait en lui que le moment venu il serait prêt à donner sa vie pour l'accomplir vraiment et cela sans tenir compte des manigances de MOMP.

XV

Au cours du repas, il se leva et prenant un linge et une bassine remplie d'eau, il se mit à laver les pieds aux Douze ; ceux-ci s'en étonnèrent mais il leur répondit : *comprenez-vous ce que je vous ai fait ? Moi le Maître je vous ai lavé les pieds cela signifie que vous devrez vous laver les pieds les uns et les autres car je vous le dis l'esclave n'est pas plus grand que son Maître ni l'envoyé plus grand que celui qui l'envoie ;* Puis,

Aux deux femmes : *en vérité, je vous le dis, l'un de vous me livrera !* et celui-ci mange aujourd'hui avec nous.

Chacun d'eux lui demanda tristement : est-ce moi ? quand le tour de Judas arriva à la même question, Resouscris répondit : *tu l'as dit mais ce n'est pas encore l'heure.*

Prenant du pain, il prononça la bénédiction habituelle et le rompit, le distribua aux convives en disant : *prenez et mangez ce pain car il est devenu mon corps par la grâce du Père.* Puis il prit une coupe de vin sur la table, rendant grâces à Dieu, il leur dit : *prenez et buvez-en tous car ceci est mon sang, le sang de la nouvelle alliance qui va être répandu pour la multitude en rémission de ses péchés. Je ne boirai plus de ce vin jusqu'au jour où nous le boirons ensemble dans le royaume des cieux.*

Faites ceci en mémoire de moi.

— *Mes enfants, dans peu de temps je ne serai plus parmi vous ; vous me chercherez,* mais moi je vous trouverai, depuis le Royaume des cieux, je serai toujours avec vous ;

— Je vous donne un nouveau commandement : *aimez-vous les uns les autres comme je vous ai aimés et on vous reconnaîtra dans le monde grâce à cet amour que vous devrez partager avec tous les peuples.*

— *Mais, encore une fois, sous peu le monde ne me verra plus, mais vous, vous me verrez.*

— *Ce jour-là, vous comprendrez que je suis en mon Père et vous en moi et moi en vous.*

Resouscris n'était pas mécontent de la tournure que prenaient les choses ; il sentait les disciples très attentifs et proches de lui ; il décida de poursuivre.

Comme prévu, Judas prit la parole et dit ce qu'ils avaient décidé :

— Seigneur comment se peut-il que tu te manifestes à nous plutôt qu'au monde ?

Resouscris répondit :

— *Si quelqu'un m'aime, il gardera ma parole et mon Père l'aimera... Mais le Paraclet qui est l'Esprit saint, que mon Père enverra en mon nom vous enseignera tout et vous rappellera ce que je vous ai dit :*

— *Je vous laisse ma paix, je vous donne ma paix*

Enfin, je veux vous donner encore un cadeau qui vous fera vous souvenir de moi quand je serai parti ; c'est une prière sacerdotale que je vous avais communiquée, souvenez-vous, déjà dans mon discours sur la montagne ; cette prière, vous devrez à votre tour la communiquer au monde en mon nom :

Notre Père qui est dans les cieux
Que ton nom soit sanctifié
Que ton règne vienne
Que ta volonté soit faite
Sur la terre comme au ciel
Donne-nous, aujourd'hui notre pain quotidien
Remets-nous nos dettes
Comme nous-mêmes les avons remis à nos débiteurs
Et ne nous soumets pas à la tentation
Mais délivre-nous du Malin
Amen

Enfin, après ce discours, il leur dit :

— *Partons d'ici maintenant et allons accomplir l'écriture mais vous n'oublierez pas ces deux choses que nous venons de sanctifier pendant cette Pâque célébration de mon corps et de mon sang livré pour le rachat des péchés du monde et la prière vers le Père qui scelle avec lui la nouvelle alliance.*

Pierre dit alors :

— *Par ces deux choses, nous voyons bien que tu viens de la part de DIEU et nous ferons tout pour l'amour de toi et moi en tout premier lieu car je donnerai ma vie pour toi.*

— *Pierre, en vérité je te le dis, le coq ne chantera pas que tu m'aies renié trois fois !*

— *Que votre cœur cesse de se troubler, il y a beaucoup de demeures dans la maison du Père ; je vais vous préparer une place dans l'une d'elles et je viendrai vous chercher quand l'heure du Royaume sera venue* répondit Resouscris

En sortant des murs, ils se dirigèrent de l'autre côté du torrent du Cédron au jardin des Oliviers où ils entrèrent.

Une fois installés au pied des oliviers, Resouscris demanda aux Douze de le laisser car il devait prier (en fait, il devait contacter MOMP pour organiser la suite)

— Mes Frères, je vais prier maintenant, vous veillerez pendant ce temps, ne dormez pas car vous êtes témoins de l'accomplissement.

À genoux, éloigné des Apôtres, il lança le message : *Resouscris appelle... Resouscris appelle...*

Au troisième appel répondit : Je suis là Resouscris.

— Je suis là Resouscris.

— Bonjour Conseiller ; nous approchons du dénouement, comment voyez-vous la suite ?

— Eh bien ! je la vois mal la suite car pour moi vous avez raté la mission. Vous vous êtes laissé prendre par votre rôle en pensant que vous étiez vraiment le Messie !

Ulcéré par ce discours, Resouscris répondit :

— Si je m'intéresse, en effet, à cette histoire, c'est qu'elle renferme. En elle quelque chose qui est plus grand que la simple logique rationnelle.

Je ne sais pas si Dieu existe, mais s'il existe, sans nul doute que Jésus est sa manifestation sur cette planète ; et moi je pense de plus en plus fortement que je suis l'incarnation de cet enfant et comme lui, chargé d'accomplir la mission qu'il n'a pas eu le temps de remplir ici-bas.

— Vous êtes complètement malade ! votre mission n'était pas de découvrir Dieu, mais en s'appuyant sur l'idée que se font de Dieu les humains, de construire une religion qui nous permettrait de reprendre possession de la Terre pour la contrôler à nouveau.

— Vous êtes pris à votre propre jeu, cette religion nouvelle je vais la fonder mais sans vous.

— Ne croyez pas que nous ne connaissions pas vos intentions, nous avons des informations avec des moyens que vous ne soupçonnez pas et nous avons assisté à votre changement d'attitude progressivement !

— Alors vous savez que je suis sincère et comme seul le résultat compte, vous aurez votre religion nouvelle même si c'est par un moyen que vous n'aviez pas prévu. Comment comptez-vous m'aider pour me récupérer après le procès ?

— Vous vous êtes mis vous-même hors circuit et il n'y aura pas d'aide ; débrouillez-vous tout seul. Maintenant, je dois parler à Judas, envoyez-le-moi. Je vais voir ce que l'on peut faire lui et moi pour éviter un désastre, mais je ne veux plus vous voir.

Resouscris, appela Judas et quand celui-ci se fut approché du lieu de contact caché aux autres Apôtres, il s'éloigna.

Une fois Judas devant lui, MOMP s'écria : Resouscris est devenu fou, il se croit le Messie. Eh bien on va l'aider à accomplir sa destinée, vous allez le livrer comme convenu, mais vous annulerez les mesures de sauvegarde que nous avions prévues pour l'exfiltrer.

— Mais Conseiller, il va mourir réellement ! Et vous vous doutez dans quelles souffrances. Vous ne pouvez pas permettre cette trahison !

— C'est lui qui l'aura voulu ; c'est lui qui nous a trahis ; faites comme j'ai dit c'est un ordre. Ne croyez pas Judas que je donne cet ordre avec plaisir ; si Resouscris s'était montré raisonnable et s'il avait suivi les ordres, tout ceci se serait mieux terminé.

— C'est une infamie Conseiller ! je ne cautionne pas cette action ; vous devrez en répondre devant le Conseil car je porterai plainte.

— Faites ce que bon vous semble, Judas mais les choses seront ainsi.

Le signal disparu, MOMP avait coupé.

En revenant vers le groupe il croisa Resouscris qui lui dit : ce que tu as à faire fait le vite.

— Mais, je viens d'avoir MOMP, il m'a dit que tu voulais aller au bout du sacrifice ; pourquoi refuses-tu les modalités de sauvetage prévues ? Tu vas mourir Resouscris ; est-ce vraiment ce que tu veux ?

— Au début, ce n'était pas ce que je voulais, Judas, je te l'assure, mais j'ai eu comme une illumination sur la montagne. Tout en sachant d'où je viens et ce pour quoi MOMP m'avait envoyé sur cette planète.

La réincarnation de l'Enfant Jésus s'est imposée à moi et la nécessité de poursuivre sa mission est devenue évidente au fil des jours. J'ÉTAIS LUI j'étais Jésus !

Ne me demande pas pourquoi car je serai bien en peine de te l'expliquer rationnellement. C'est comme une réalité que j'avais refoulée en moi et qui devait absolument s'exprimer.

Mais enfin dit Judas, tu sais bien que sur notre nouvelle planète, il y a longtemps que nous avons réglé la question du divin ; chacun croit ce qu'il veut et la notion de Dieu ou assimilé a quasiment disparu de nos préoccupations car nous sommes plus civilisés que cette humanité terrestre.

— Tu as raison mais peut-être que nous avons perdu ce sens du divin qui habite le peuple juif, voire même les Romains.

— Resouscris, veux-tu dire que tu croies en Dieu ?

— Je n'y croyais pas Judas, je t'assure mais aujourd'hui, je m'interroge ! je sais ce n'est pas rationnel mais c'est ainsi ;

— J'entrevois du monde qui arrive à l'entrée du jardin, ce sont sans doute, des gardiens du Temple envoyés par Caïphe.

Comment dois-tu m'identifier auprès d'eux ?

— Je dois t'embrasser ; c'est le signe qui te désignera.

— Alors, fais-le maintenant, je suis prêt.

— Encore une fois, je pense que tu as tort. Pardonne-moi mon frère mais c'est toi qui as voulu cette situation.

— Je sais ne crains rien Judas, c'est l'accomplissement d'une volonté supérieure à la nôtre.

Judas s'avança vers la troupe et s'adressant au chef des gardes dit :

— Rappelez-vous le signe, celui que je baiserai sera celui que vous recherchez Jésus.

— Nous le savons répondit le chef des Gardes ; allons ne perdons pas de temps, Caïphe nous attend.

Ils s'avancèrent et parvenus devant Resouscris Judas lui dit « Salut Rabbi, permet moi de te donner le baiser de paix » s'approchant encore il embrassa Resouscris en lui murmurant à l'oreille : adieu Ami, je te pleurerai longtemps.

Resouscris lui rendit son accolade salue pour moi notre planète, sauf MOMP, ce salaud m'a condamné.

Puis se tournant vers les Gardes il dit :

— Qui cherchez-vous ?

— Jésus le Nazaréen

— C'est moi.

Le regard de Resouscris était, à ce moment, si intense que certains Gardes, pris de peur, tombèrent à genoux

Poussant son avantage, Resouscris lança :

132

— Qui cherchez-vous ?

— Jésus le Nazaréen dit le chef qui était resté debout.

— C'est moi, je vous l'ai dit ; Suis-je donc un brigand que l'on vient chercher avec l'épée ? Pourtant avant quand j'étais à l'extérieur ou dans le Temple vous n'avez jamais levé la main sur moi, alors pourquoi ce changement ?

— Nous obéissons aux ordres de Caïphe et du Sanhédrin Rabbi ; c'est tout il ne nous appartient pas de juger.

— Je vois bien que c'est votre heure et plus la mienne, mais sachez que c'est aussi le règne des ténèbres. Puis désignant les Douze, il dit aux gardes : laissez-les partir et en levant les yeux au ciel, ainsi mon Père, j'accomplis votre parole car parmi ceux que vous m'avez donnés, je n'en ai pas perdu un seul.

Alors Pierre, dans un accès de colère et de courage, tira son épée et voulut couper l'oreille du serviteur qui était le plus près de lui.

Resouscris, arrêta son geste : Pierre ne fait pas cela car je te le dis celui qui brandit le glaive contre son frère, périra par le glaive

Se tournant enfin vers les Gardes « allons voir Caïphe et accomplir mon destin selon la volonté de mon Père ».

Tous les Douze s'enfuirent alors sans demander leur reste sauf Pierre qui suivit de loin le groupe qui traînait Resouscris chez Caïphe, en se demandant comment il pourrait aider ce dernier.

Judas, lui aussi était resté à part ; il était bien décidé à convaincre MOMP de sauver Resouscris ; il était prêt à mettre toute son influence dans cette mission et même s'il le fallait assigner MOMP devant le Conseil de la Fédération car il ne pouvait accepter que le Conseiller, pour des problèmes d'ego, abandonne Resouscris à son sort alors qu'il avait rempli la mission et plutôt bien remplie ;

Une nouvelle religion allait naître sur la Terre et la Fédération en la contrôlant avait le moyen de réinvestir la planète Mère. Tout était conforme aux prévisions, on pouvait donc sauver Resouscris.

Il s'isola près d'un cyprès et enclencha la procédure d'appel :

— *Judas appelle, Judas appelle...*

Presque aussitôt, MOMP répondit :

— *Je suis là Judas, que se passe-t-il ?*

— *Conseiller, je ne puis admettre que l'on abandonne Resouscris et je dois vous prévenir que le Conseil sera saisi par moi si vous ne faites rien pour empêcher sa mort !*

— *Fais ce que tu crois juste, Judas, mais je te le répète c'est lui qui ne veut pas être sauvé au nom de je ne sais quelle lubie qui s'est emparée de lui. Il croit qu'il est vraiment le Messie attendu par les Juifs !*

— *Je ne peux plus rien pour lui je le regrette. De toute façon, j'ai le Conseil avec moi et je te donne un avis, ne tente rien contre moi car tu serais désavoué.*

— *Vous aurez la mort de cet homme, ce compatriote, devenu mon ami, qui pèsera sur vos consciences et l'histoire vous demandera des comptes.*

— *Il y a bien longtemps que je fais passer ma conscience après l'intérêt de la Fédération et je n'ai aucune déférence envers l'histoire, elle est comme on la fait et ses éventuels jugements futurs n'encombrent pas le présent.*

— *Adieu, Conseiller, j'espère que cette affaire vous empêchera de dormir !*

— *Je ne crois pas Judas car mon sommeil est celui d'un juste*

— *Je ne crois pas qu'un assassin soit un juste.*

XVI

Judas exaspéré s'éloigna et se dirigea vers la maison de Anne, le beau-père de Caïphe et prédécesseur de ce dernier comme Grand Prêtre.

Resouscris fut mis en présence de Anne qui lui demanda d'expliquer sa doctrine et son enseignement.

Ce dernier lui répondit :

— Pourquoi m'interroges-tu ? j'ai toujours enseigné publiquement, à la synagogue ou dans le Temple ; demandes à ceux qui m'ont entendu, ils savent bien eux ce que j'ai dit.

Un garde proche de lui le gifla en disant : c'est ainsi que tu parles au Grand Prêtre ?

— Si j'ai mal parlé, montre-moi où est le mal et si j'ai parlé justement, pourquoi me frappes-tu ?

Anne, voyant qu'il ne pourrait en tirer rien de plus, décida de l'accompagner au Sanhédrin devant Caïphe.

Quand il repassa dans la cour où était resté auprès du feu Pierre, il entendit celui-ci le renier à trois reprises affirmant qu'il n'était pas un disciple de Jésus

Resouscris le fixa alors intensément et Pierre traumatisé par ce regard, se rappela brutalement la parole du Maître tandis qu'un coq se mit à chanter.

Le jour allait poindre quand traîné par les gardes, Resouscris toujours lié dans le dos, arriva au Sanhédrin où Caïphe et le Conseil des Anciens l'attendaient.

Il y avait une grande effervescence dans l'assemblée quand on présenta Resouscris qui avait été déjà interrogé, en aparté par Anne l'ancien Grand Prêtre.

Caïphe obtint le silence en levant la main et prenant la parole il s'adressa à l'homme devant lui :

— Si tu es le Christ, dis-le !

— Si je le dis, vous ne me croiriez pas. Mais si je vous interroge, alors vous ne répondrez pas ! Sachez que le fils de l'homme aura maintenant son siège à la droite de Dieu, notre Père.

— Pour dire cela, oserais-tu dire que tu es le fils de Dieu ?

— Vous le dites, je le suis en effet, tout comme vous, vous l'êtes sans le savoir.

— Il blasphème ! Il blasphème ! Nous n'avons pas besoin d'autres témoignages ; nous l'avons entendu de sa bouche même s'écria les membres de l'assemblée.

Caïphe lui dit alors : tu viens de blasphémer, Jésus et je vais t'envoyer à Pilate c'est lui qui jugera en définitive.

— Pilate n'a rien à faire dans cette affaire répondit Resouscris ; il n'est pas maître sur Dieu ; mais vous voulez abandonner votre responsabilité, je le sens bien. De toute façon, cela est écrit, accomplissez votre méfait, j'accomplirai la Gloire de Dieu !

Resouscris sentait qu'il fallait mettre le Sanhédrin devant ses responsabilités, mais il savait que cela ne le sauverait pas. Il s'y était préparé et pour l'instant la peur d'une mort horrible comme la crucifixion ne le hantait plus. Il continua en apostrophant l'assemblée :

— Sachez tous qu'en ce jour vous commettez une erreur terrible et vous en porterez, devant l'histoire la marque indélébile.

— Mais, sachez aussi que vous n'êtes que l'instrument de Dieu car c'est lui qui a voulu que les choses se passent ainsi et que les écrits doivent être accomplis. Il a voulu une nouvelle alliance et je suis cette alliance.

La foule, en furie s'écria : il blasphème, il blasphème encore ! chez Pilate ! menez-le chez Pilate !

Caïphe leva la main et dit :
— Le peuple a parlé envoyez-le au Procurateur.

Le groupe se dirigea vers le Prétoire siège avec la caserne Antonia de la puissance romaine à Jérusalem.

En voyant la foule se diriger vers lui, Pilate sortit du prétoire et apostrophant un garde il dit :
— Que voulez-vous ? pourquoi m'amenez-vous cet homme ?

— Le Grand Prêtre te l'envoie car il a blasphémé sur notre religion ce qui est puni par la mort, mais comme nous n'avons pas le droit, en période de Pâque, de faire un tel acte, Caïphe te le confie pour le juger et l'exécuter.

— Tout ceci ne me concerne pas. Réglez ce problème entre vous ; je suis responsable devant l'Empereur de la sécurité de cette province la Palestine Judée et Galilée et je n'ai pas entendu la moindre critique fondée concernant cet homme dont l'action ne met pas en péril la sécurité de Rome.

— Il se proclame aussi notre Roi et en tant que tel il veut nous délivrer de toutes nos occupations, crois-tu toujours qu'il ne met pas en danger ton autorité et celle de Rome ?

138

Exaspéré, Pilate rentra dans le prétoire et dit au prisonnier : suis-moi !

Une fois entré, il apostropha Resouscris : Jésus, je n'ai rien contre toi et je sais aussi que le Sanhédrin veut se débarrasser de toi et que pour cela il a payé des hommes répartis dans cette foule pour que je t'accuse pour t'exécuter.

Or, je ne vois pas quel intérêt ta mort apporterait à Rome. De plus, on m'a raconté que s'il est vrai que tu rassembles de grandes foules qui viennent écouter ton enseignement, tu n'as créé, jusqu'à ce jour, aucun trouble à l'ordre public au cours de ces réunions qui m'auraient obligé à te punir.

Mais, si tu t'obstines à dire que tu es le Roi des Juifs, malgré la bienveillance que j'ai pour toi, je serai obligé de sévir.
Te considères-tu encore paré de ce titre ?
— Je suis le Roi des Juifs mais mon royaume n'est pas de ce monde et il n'interfère en rien ni dans la religion juive ni dans la sécurité de Rome
Même si je le voulais, je ne pourrai taire la vérité ; Dieu m'a envoyé, moi son fils incarné, pour sauver tous les hommes : les Juifs comme les Romains, les Grecs comme les Égyptiens, les Germains comme les Gaulois, en fait toute l'humanité de ce monde.
— Comment penses-tu imposer tes théories ; de quelle force militaire disposes-tu ?
— Mon enseignement n'est pas basé sur une force militaire mais sur la force de l'esprit. Mais avec son apparente fragilité, il bouleversera le monde et même Rome un jour y adhérera.
— J'aimerais voir cela ! Rome est la seule force qui a réussi à civiliser le monde dans toutes ses composantes qui sont complexes.

— Tout ceci n'est pas de mon niveau ; quand je dis que mon royaume n'est pas de ce monde, c'est vrai, mais sans doute que comme mes compatriotes, tu ne peux pas comprendre ce langage.

— Je suis venu sur cette terre pour rendre témoignage de la vérité – celle des cieux –, tu es intelligent, Pilate, mais ton intelligence ne suffira pas à appréhender ma vérité car c'est celle du Dieu unique.

— Je ne crois pas à ton dieu, pas plus qu'aux miens d'ailleurs !

Toutes les religions ont été inventées, il y a longtemps, pour contrôler les peuples soumis.

Regarde le tien : quand on observe les préceptes de votre religion, on est étonné par l'intelligence mais aussi par la grande soumission qu'elle impose et pourtant malgré cette intelligence, cet esprit, Rome comme elle l'a fait pour d'autres peuples, vous a soumis à sa loi !

— Ne crois pas que les peuples que vous avez soumis le resteront encore longtemps. Leurs braises sont toujours vivaces et il ne faudrait pas beaucoup pour qu'elles enflamment le monde.

— Mais vois-tu, ce que j'enseigne, c'est que tous les hommes sont égaux au regard de Dieu, non pas par leur religion ou leur armée, mais par leur esprit.

— Je ne suis pas un homme cruel, Jésus, j'applique les règles romaines du mieux possible en étant ni faible ni despote. Comme tu es Galiléen, de la juridiction d'Hérode Antipas, je vais t'envoyer à lui, il saura me dire ce qu'il faut faire de toi.

— Merci Pilate, je te sais gré des efforts que tu fais pour me sauver, mais ce qui est écrit doit être accompli ! je suis surpris que l'opinion d'Hérode t'intéresse, je croyais que la relation que tu as eue avec son épouse te rendrait plus prudent avec le Tétrarque.

— Comment sais-tu cela ?

— Je le sais c'est tout. Mais je sais aussi que même si tu le veux et je te crois quand tu le dis, tu ne pourras pas me sauver, car les membres du Sanhédrin sont prêts à tout faire pour que cela n'arrive pas ; je leur fais peur car ils savent inconsciemment que je détiens la vérité.

— Nous verrons bien, Gardes conduisez-le à Hérode.

XVII

Hérode

Hérode qui avait décidé de fêter la Pâque à Jérusalem, était très curieux de voir ce jeune Rabbi qui « faisait des miracles » et dont on lui avait beaucoup parlé et il espérait que Jésus en ferait devant lui, des miracles, ce qui permettrait peut-être de le sauver des griffes du Sanhédrin ce qui ne serait pas pour déplaire à Hérode car il ne supportait plus la suffisance du Grand Prêtre.

En arrivant devant Hérode, Resouscris avait décidé de ne pas répondre à ses questions pour marquer la différence de niveau entre eux ; il savait bien que cette façon de faire indisposerait le Tétrarque, plutôt favorable à Jésus, mais il faisait ce qui devait être fait pour assumer sa décision de se sacrifier.

Après que le Tétrarque et sa cour ont posé un grand nombre de questions à Resouscris – questions qui n'obtinrent aucune réponse –, il dit :
— Hérode, ta femme te déshonore avec Pilate, vas-tu maintenant déshonorer ton Dieu en me sacrifiant, moi son fils ?
Excédé, Hérode décida de renvoyer cet impudent à Pilate l'abandonnant à la répression romaine.

Il fit signe à la cohorte romaine de ramener le prisonnier à Pilate, non sans l'avoir revêtu d'une tunique pourpre – celle des Rois – par mépris pour son titre de « Roi des Juifs ».

De retour au prétoire, Pilate l'apostropha :

— Te voici de retour parmi nous, mais semble-t-il sans arguments notoires pour me permettre de te libérer.

— Je vais donc comme de coutume à la Pâque, libérer un condamné en faisant choisir le peuple entre Toi et un véritable assassin Barrabas.

— Mais, tu sais que s'il ne te choisit pas ce sera la mort pour toi

Resouscris le regarda intensément mais ne répondit pas.

Pilate sortit du prétoire et poussa Resouscris sur l'estrade devant face à la foule et prit la parole :

— Peuple de Jérusalem comme de coutume chaque année à la Pâque, je vais gracier un criminel et je vous demanderai de me désigner lequel car aujourd'hui nous avons deux candidats, celui-ci Barrabas un véritable assassin et celui-là Jésus le Nazaréen dont le seul crime est de s'être déclaré votre Roi ! lequel doit être gracié ?

La foule « travaillée » par des agents du Grand Prêtre dissimulés aux quatre coins de la cour se mit à vociférer :

— Libère Barrabas, nous n'avons de Roi que César, crucifie le blasphémateur Jésus, si tu ne le fais pas nous le dirons à César et il te fera tuer ! À mort Jésus ! à mort Jésus !

L'argument n'était pas innocent compte tenu de sa mauvaise position auprès de Tibère qui risquait après ces troubles de s'envenimer encore et constituerait un bon prétexte pour que L'Empereur se débarrasse de lui.

Et entre un déni de justice et sa propre vie, Pilate n'hésita pas mais avant de libérer le criminel, il se fit apporter une bassine d'eau et un linge et plongeant les deux mains dans le bassin il dit : le sang d'un innocent retombera, pour des siècles, sur votre tête et non sur la mienne car je me purifie avec cette eau de ce crime.

Puis se tournant vers le Centurion, il commanda :
— Libère Barrabas !
Une immense clameur monta de la foule : merci Procurateur ! et maintenant, mets à mort le faux prophète, à mort Jésus !

Comme de coutume, il fit d'abord flageller Resouscris, pendant que les coups tombaient, un soldat croyant faire une bonne répartie, trouva une tresse d'épines qui traînait dans un coin et en revêtit Resouscris en disant : Roi des Juifs, pour régner avec ta toge, tu dois avoir aussi une couronne, voici la tienne !

144

XVIII

Golgotha

On remit sa croix au prisonnier, un très lourd madrier de bois, puis accompagné des soldats romains on le dirigea vers le mont Golgotha, au nord-est de Jérusalem lieu classique choisi pour leurs exécutions capitales (en fait surtout des crucifixions). Sur le chemin difficile de la montée au calvaire, Resouscris tomba deux fois tellement le madrier était lourd ; un jeune paysan robuste qui venait de ses champs et qui suivait le cortège – Simon de Cyrène – s'offrit d'aider ce jeune Rabbi en soulevant l'arrière du madrier.

Le Centurion qui commandait l'équipée pour ne pas perdre de temps – le prisonnier étant tombé deux fois sur le parcours – donna son accord et Resouscris accepta cette offre avec reconnaissance.

Arrivé péniblement devant le calvaire où les Romains avaient dressé déjà deux supports, Resouscris vit des femmes qui pleuraient en se frappant la poitrine ; Resouscris se retournant vers elles leur parla ainsi : filles de Jérusalem ne pleurez pas sur moi car je rejoins notre Père dans ses cieux mais pleurez plutôt sur vous et sur vos enfants car l'innommable va se produire et vous en êtes témoins et actrices, la honte retombera sur votre descendance à jamais !

Puis, s'adressant particulièrement à Marie de Magdala, il lui dit :

— Femme, souviens-toi de ce que nous avons convenu ; éloigne nos deux enfants de cette horreur et quand ils seront plus grands ravive mon souvenir auprès d'eux pendant que vous serez en Gaule.

Marie les larmes aux yeux répondit :

— Je ferai ce qu'il faut envers eux mais j'aurai voulu te sauver pour que tu puisses les élever, ils vont grandir sans père et cela est bien triste pour eux.

— Ne crois pas qu'ils seront malheureux, car ils me portent en eux ; ils savent déjà encore inconsciemment qu'ils sont les héritiers de moi l'Élu ; ils savent qu'ils sont LE GRAAL ainsi que les enfants des enfants de leurs enfants et cela pendant des Siècles.

— N'aie pas peur tout se passera comme le Père l'a voulu ; pars vite après mon envol vers le ciel.

Enfin, se tournant vers Marie, sa mère, accompagnée par le disciple préféré, Jean, il les interpella, presque, violement :

— Mère voici ton fils et Jean voici ta mère, aimez-vous les uns les autres comme je vous ai aimé et pardonné à mes bourreaux ; allez au monde porter ma parole qui est celle de notre Père, notre Dieu !

Puis on amena les deux autres condamnés que l'on allait exécuter avec lui – c'étaient deux voleurs – Resouscris fut placé au milieu d'eux et pendant qu'on enfonçait les clous dans ses mains et dans ses pieds, malgré l'horrible douleur, il murmura :

— Père pardonne-leur car ils ne savent pas quel crime ils commettent sans le savoir ! une voix s'éleva à la gauche de Resouscris, c'était l'un des voleurs qui l'apostropha :

— Si tu es le Christ, sauve-toi et nous avec toi ! l'autre larron reprit son camarade, tu vois bien qu'il ne craint pas Dieu car il est innocent, pour nous c'est la justice nous payons nos actes mais lui n'a rien fait puis se tournant vers Resouscris, souviens-toi de moi quand tu reviendras dans ton royaume, je ne suis rien mais tu es tout et je crois en toi !

Resouscris lui répondit :

— En vérité, je te le dis tu seras aujourd'hui avec moi dans le paradis.

Le peuple qui avait accompagné les condamnés jusqu'au calvaire était toujours hostile envers Resouscris et se moquait de lui : si tu es le Roi, sauve-toi toi-même, tu l'as fait pour d'autres ; montre-nous ta puissance, prouve-nous que tu es Élie !

À la sixième heure, le soleil commença de se cacher, puis l'obscurité fut totale jusqu'à la neuvième heure et le rideau du Temple se déchira par le milieu.

Alors, comme cela était écrit, Resouscris dit :

— J'ai soif ! un soldat qui l'entendit prit une éponge qu'il imbiba de vinaigre et la mettant sur une longue perche effleura la bouche du condamné.

Sentant que sa vie se dérobait, il pria en disant « Père je remets mon esprit entre tes mains » puis plus fort et tourné vers le ciel autant qu'il le pouvait :

« MOMP ère ! Po Ur quoi matu Aba ndoné ! »
(MOMP salaud ! tu paieras chèrement cette ignominie)

Et fermant les yeux, il murmura « **tout est consommé** » et expira ! le cœur plein de haine pour MOMP mais l'esprit apaisé car il était certain que son sacrifice ne serait pas sans lendemain.

XIX

L'homme qui regardait, les larmes aux yeux, mourir Resouscris qu'il n'avait pas pu sauver était atterré et vidé de toute compassion pour ceux qui étaient responsables de ce désastre.

D'un côté MOMP qui avait conçu le projet de Résurrection en sachant dès le début que Resouscris serait sacrifié, et de l'autre LUI, Judas, qui s'était prêté à cette machination (même s'il ne savait pas qu'il y aurait mort véritable) ;

Cet homme juste, appelé Judas, désespéré s'enfuit du Golgotha et déchiré par ses remords, décida de quitter ce monde espérant que son sacrifice comme une rédemption pour ses péchés lui vaudra le paradis ; il se trouva un arbre de Judée assez haut, situé un peu plus bas dans la vallée et se pendit en maudissant Momp et la Fédération.

Un membre du Sanhédrin, homme droit et juste nommé Joseph qui venait de la ville d'Arimathie, accompagné de Nicodème, deux hommes qui n'avaient pas suivi le Grand Prêtre dans son dessein pour détruire Jésus, avaient obtenu de Pilate qu'ils puissent ensevelir son corps.

Forts de cette autorisation ils descendirent le corps de la croix, le roulèrent dans un linceul blanc immaculé et aidés par les femmes de Jésus – Marie, sa mère et Marie de Magdala son épouse – ils descendirent Resouscris dans une tombe proche qui était libre de cadavres.

C'était le jour de la préparation, juste avant le Sabbat. Une fois le corps déposé dans la tombe et la pierre de protection roulée devant l'entrée, ils retournèrent en ville pour célébrer tristement le Sabbat.

Pilate qui se reposait dans le prétoire en expédiant les affaires courantes ; notamment en préparant le rapport pour Tibère sur ce qui venait de se passer, avait assisté au séisme et au déchirement du rideau du Temple qu'on lui avait raconté, évènements qui s'étaient déroulés au moment de la sixième heure jusqu'à la neuvième heure ; c'est dire juste pendant l'exécution du Golgotha ; il se dit que décidément ce Jésus était sans doute un juste, un envoyé de leur dieu ; et cela malgré les fausses accusations du Sanhédrin.

Il se félicita d'avoir réussi à reporter, sur les juifs, la responsabilité complète de sa mort. Ce qui avait permis de conserver un calme relatif dans une région constamment en ébullition. Tibère lui en saurait, probablement gré.

Quant à Momp, il mit en place la suite du programme ; Le sosie de Resouscris SANTACRIS fut déposé sur terre avec toutes les instructions nécessaires conçues par Momp et le Conseil de la Fédération.

Le premier jour de la semaine suivante, les femmes se rendirent au tombeau afin d'oindre le corps avec les aromates qu'elles avaient préparés, trouvèrent la pierre roulée devant et le tombeau vide ! en même temps, elles virent deux hommes entourés de lumière et Marie reconnu parmi eux, l'Ange qui l'avait visité avant la conception de Jésus.

Les hommes de lumière leur dirent :

Pourquoi cherchez-vous parmi les morts celui qui est vivant ? il n'est plus là, il est ressuscité ! Alléluia !
Rappelez-vous ses paroles : il faut que le fils de l'homme soit livré et crucifié et qu'il renaisse le troisième jour ; nous sommes le troisième jour et il est ressuscité, allez porter la bonne nouvelle, Dieu a accompli l'écriture.

De retour vers la maison, elles dirent aux Onze et aux autres présents, ce que les Anges leur avaient dit ; ils ne voulurent pas les croire. Pierre par acquit de conscience se précipita au tombeau et ne trouva à l'intérieur que des bandelettes sans corps, comme l'avaient dit les femmes.

Ne voyant pas quelle attitude adopter, Pierre rentra chez lui très troublé.

Ce même jour, deux sympathisants faisaient route vers Emmaüs, un village situé à 60 stades de Jérusalem, afin d'apporter aux autres adeptes de Jésus, les dernières nouvelles. Ils discutaient pendant leur marche, tentant chacun leur tour d'apporter un éclairage personnel sur le drame auquel ils avaient assisté ces derniers jours.

C'est le moment choisi par Momp de leur envoyer le sosie de Resouscris, mais sans qu'ils puissent, dans un premier temps, le reconnaître.

Celui-ci se joignit à eux et leur dit : de quoi parlez-vous en marchant avec autant de vigueur ?

S'apercevant de sa présence, les deux compères s'arrêtèrent et l'un d'eux nommé Cléophas répondit : c'est que l'affaire est d'importance, mon ami, et tu es bien le seul à ignorer ce qui s'est passé à Jérusalem, il y a trois jours.

— Quoi donc dit Santacris ?

— Ce qu'il est advenu de Jésus le Nazaréen, qui nous avait prouvé, par ses paroles et ses miracles, qu'il était bien un envoyé de Dieu. Mais nos chefs qu'il pourfendait dans ses paraboles, pour se venger, le livrèrent aux Romain qui l'ont crucifié comme un criminel, lui qui n'était que bonté.

— Nous pensions que c'était lui qui libérera Israël mais il est mort comme le commun des mortels et notre espérance a été déçue !

Pourtant des femmes de sa famille se sont rendues au tombeau de bonne heure ce matin et nous ont dit que des Anges leur étaient apparus et leur avaient dit qu'il ne fallait pas se lamenter car il était vivant et ressuscité.

Santacris leur répondit :

— Hommes de peu de foi, esprits sans intelligence, il fallait que le Christ endurât ces souffrances pour entrer dans la gloire de Dieu !

Commençant par l'histoire de Moïse et terminant par la sienne, il interpréta les enseignements de tous les prophètes. Arrivés près du village, voyant qu'il semblait s'éloigner, ils lui demandèrent de rester avec eux et de boire et de manger pour se reposer des fatigues du voyage ; ils s'installèrent dans une auberge qui était près de l'entrée d'Emmaüs.

Une fois à table, Santacris prit le pain, fit la bénédiction, le rompit et leur donna ; à cet instant, leurs yeux s'ouvrirent et ils le reconnurent.

Mais avant qu'ils ne puissent lui parler, il avait disparu !

Pleins d'allégresse, ils coururent vers Jérusalem, pour annoncer que le Christ était ressuscité et revenu des vallées de la mort. Ils trouvèrent les Onze et les Femmes, réunis pour tirer les enseignements des évènements tragiques qu'ils venaient de subir et se lamentaient sur leur sort ; Mais ils reprirent tous espoir en entendant la nouvelle que leurs amis rapportaient d'Emmaüs.

Huit jours plus tard, ils étaient rassemblés dans la maison de Thomas appelé aussi Didyme et ils discutaient des révélations des Femmes et des Compagnons partis à Emmaüs et de l'attitude à adopter maintenant que le Maître était parti

Pendant le repas pris en commun, après que Pierre, qui était reconnu comme leur chef, bien que Jacques le contestât, ait célébré l'Eucharistie, Pierre reprit la parole :

Frères, le Seigneur nous a choisi, comme ses Apôtres, mais il a choisi 12 Disciples parmi la multitude, or ; du fait de la trahison de Judas, nous ne sommes plus que onze ; je crois que notre devoir est de reconstituer le nombre initial et je vous propose de voter pour un homme pieux mais qui n'a pas connu, comme nous le CHRIST.

Les Onze approuvèrent le discours de Pierre et firent demander à l'extérieur si quelqu'un était candidat, on leur proposa deux hommes dont la piété égale était reconnue ; Joseph dit Barabbas surnommé Justus et Matthias.

Ne voulant léser aucun des deux candidats aussi pieux l'un que l'autre, Pierre proposa de tirer au sort ; ce qui fut fait après que Pierre a sollicité le Seigneur : Maître qui vécut parmi nous guide-nous, fait que le sort désigne le plus à même de nous aider à porter ton message au monde !

Le sort désigna Matthias qui fut dès lors mis au nombre des douze Apôtres.

Après cette élection, ils discutèrent de la mort de Jésus et selon ce qu'avaient raconté les frères sur la route d'Emmaüs, de sa possible résurrection.

Certains heureux de la bonne nouvelle manifestaient leur joie, mais ils restaient aussi des sceptiques parmi eux et ils discutaient encore lorsque soudain Santacris, qui avait mis en marche le système holographique, apparut au milieu d'eux. Saisis de stupeur et d'effroi, ils pensèrent voir un fantôme.

XX

Santacris prit la parole :

— Pourquoi doutez-vous encore ? Pourquoi ce trouble ? c'est bien moi regardez mes mains et mes pieds, touchez-les-vous verrez que je suis bien de chair. Et toi Thomas qui est toujours septique mets tes mains dans mes plaies ; ce qu'il fit.

En même temps, Santacris arrêta l'hologramme et se matérialisa.

Pour forcer encore le trait, il leur demanda :

— Avez-vous quelque chose à manger, Ils lui trouvèrent un morceau de poisson grillé qu'il dévora sous leurs yeux !

Puis continuant : comme mon père m'a envoyé, je vous envoie à mon tour mais pas aujourd'hui encore ; je vous donne rendez-vous, ici, dans cinquante jours, à la Pentecôte pendant la fête des moissons

— Vous me reverrez bientôt à cette occasion.

Puis un grand nuage blanc l'enveloppa et il fut enlevé dans le ciel. Santacris pour faire cette illusion avait mis en branle la panoplie des effets spéciaux fournie par la Fédération.

XXI

Cinquante jours après...

La Pentecôte étant advenue, les Apôtres se réunir dans une maison proche du Temple, celle-là même où ils avaient l'habitude de se reposer du temps ou le Maître était parmi eux ; ils s'assirent autour de la table attendant la venue de Jésus, comme il leur avait dit cinquante jours plus tôt.

À peine assis, ils entendirent le même bruit et sentirent le même vent que la dernière fois et en un instant le Maître fut parmi eux !

Mes enfants chéris, me voici parmi vous une fois encore, mais cette fois je viens vous marquer, de la part du Père, de l'Esprit saint vous imposant la mission de porter sa parole partout dans le monde.

Puis étendant les bras sur leurs têtes en soufflant sur eux il dit :

« Recevez l'Esprit saint » ; ce disant, grâce à des hologrammes qui étaient mis à sa disposition par MOMP, Santacris fit descendre sur leurs personnes, des sortes de flammèches dorées et continua sa diatribe :

« En mon nom et grâce à l'Esprit saint que vous venez de recevoir, ceux à qui vous remettrez les péchés, ils leurs seront remis ; ceux à qui vous les retiendrez ; ils leur seront retenus et comme moi, vous pourrez faire des miracles, guérir des malades, peut-être ressusciter des morts dans la mesure où vous le ferez en mon nom et pour la gloire de Dieu car vous êtes aujourd'hui devenus les acteurs de la nouvelle alliance ». Allez baptiser le monde de la part de Dieu !

Et comme la dernière fois, un grand nuage l'enveloppa et il disparut à leurs yeux.

Ils s'aperçurent après cela, qu'ils pouvaient parler dans plusieurs langues qu'ils ne connaissaient pas auparavant ; ils sortirent dans la foule qui était restée à l'extérieur de la maison, décidés à tester ces nouvelles connaissances ; ce qu'ils firent en dispensant l'enseignement reçu de Jésus.

La foule composée de citoyens venus de nombreuses nations : Parthes, Élamites, Arabes, Romains, Grecs... fut stupéfaite d'entendre cet enseignement diffusé dans sa propre langue.

Pierre prit la parole et leur dit : Hommes d'Israël Jésus le Nazaréen, l'homme que vous avez laissé crucifier était bien l'envoyé de Dieu, et il est ressuscité ; car Dieu l'a ressuscité !

Et de son paradis, il nous permet, à nous ses Disciples de porter sa parole vers la multitude et dans toutes les langues comme vous l'entendez aujourd'hui.

Vous l'avez condamné et fait exécuter et pourtant il vous a pardonné !

Ils étaient pour la plupart avec le cœur transpercé de regrets et de chagrin ; ils dirent à Pierre : Frère, que devons-nous faire maintenant ?

— Repentez-vous ! repentez-vous ! et faites-vous baptiser au nom de Jésus, le Christ pour la rémission de vos péchés ; mais aussi allez porter la bonne nouvelle dans toutes vos Nations, car Jésus est mort et ressuscité pour tous les hommes de cette terre.

Après cela, les Apôtres baptisèrent au nom de Jésus-Christ les volontaires.

La vie se déroulait sans trop de problèmes, les Apôtres dispensaient l'enseignement qu'ils avaient reçu tous les jours dans le Temple, sous le portique de Salomon, et les conversions se multiplièrent. Mais dans le peuple des non convertis, à part quelques sceptiques, on ne tarissait pas de louanges envers « les hommes du Nazaréen » comme on les appelait.

ÉVIDEMMENT ! CE QUI DEVAIT ARRIVER ARRIVA !

Après que Pierre, accompagné de Jean, ait guéri un impotent, la rumeur de cette guérison arriva aux oreilles du Sanhédrin.

Le Grand Prêtre envoya les gardes du Temple pour se saisir d'eux et les emprisonner afin de les interroger le lendemain.

Le lendemain, comme convenu, le Sanhédrin les fit comparaître devant eux pour leur demander de quel pouvoir avaient-ils disposé pour réaliser cette guérison.

Pierre répondit : Chefs du peuple et vous les anciens sages sachez bien que cette guérison a été obtenue par et au nom de Jésus-Christ le Nazaréen, celui-là même que vous avez fait crucifier, il y a quelque temps, par les Romains.

Et c'est grâce à l'invocation de ce seul nom que cet homme peut se présenter, guéri, devant vous !

Car ce nom est la pierre que vous, les bâtisseurs avaient dédaignée et qui est devenue la pierre d'angle ; pierre sans laquelle tout l'édifice s'écroule.

Devant l'assurance de Pierre et de Jean, ils les relâchèrent en leur interdisant de diffuser l'enseignement qu'ils avaient reçu ; Mais Pierre et Jean leur rétorquèrent :

— S'il est juste aux yeux de Dieu de vous obéir plutôt qu'à Dieu, c'est à vous d'en juger, mais quant à nous, nous ne pouvons pas ne pas publier ce que nous avons vu et entendu !

— Car, Dieu nous a fait un devoir de partager sa parole avec les êtres humains et c'est ce que nous faisons aujourd'hui et ferons demain, et cela malgré vous.

Les Apôtres avec joie et puissance rendaient témoignage de la résurrection de Jésus et la communauté des croyants s'agrandissait.

Elle était à l'abri du besoin car chacun qui possédait, donnait ce qu'il pouvait en argent, en terre ou en provisions. Et la notoriété de cette communauté grandissait dans le peuple à tel point qu'on transportait des malades ou des mourants dans les ruelles où l'on savait que Pierre ou les autres Apôtres avaient l'habitude de passer souvent !

Cette notoriété croissante indisposa encore le Sanhédrin et le Grand Prêtre ordonna de nouveau à ce que l'on se saisisse d'eux ; mais cette fois, il fit arrêter les Douze !

Santacris qui s'était retiré après la Pentecôte dans un atelier de ferronnerie proche de la maison des Douze, mais déguisé en bédouin du désert pour qu'ils ne le reconnaissent pas, décida de les faire s'évader de façon publique, afin que cette évasion puisse servir la cause.

Il avait réussi grâce à Momp et à la Fédération à savoir dans quelle cellule ils avaient été confinés.

Utilisant l'hologramme il apparut devant les gardes et leur dit : je suis le Christ Jésus, celui qui a été crucifié par les Romains et ressuscité par Dieu, libérez ces hommes car ils parlent, comme moi, au nom de Dieu !

Parmi les gardes, il y en avait un nommé Gédéon, qui avait assisté à la crucifixion de Resouscris et qui le reconnut en Santacris, le sosie de Resouscris.

Il s'agenouilla en s'adressant à la vision éthérée de l'hologramme : Seigneur, je te reconnais, dis-moi ce que je dois faire ?

— Je te l'ai dit, libère mes Apôtres, car ils doivent aller annoncer de par le monde et à tous les peuples de la terre, la nouvelle alliance avec Dieu notre Père !

Gédéon, persuadé que Dieu lui-même lui commandait d'agir, se leva et déverrouilla la porte de la cellule, libérant ainsi les Douze.

Puis, Santacris fit se former un cortège entouré de lumières vives et sortit de la prison précédant les Apôtres qui l'avaient reconnu.

Dans le couloir qui menait à la sortie, il y avait des gardes et aussi des détenus dans des cellules qui dormaient dans le couloir par manque de place et aussi parce qu'ils étaient peu dangereux ; tous virent ce cortège lumineux comme des nuées célestes qui délivrait les Douze.

Ce « mirage devenu pour eux miracle » fut une raison supplémentaire pour certains de se convertir à la religion nouvelle.

Une fois sortis, Santacris toujours de façon holographique leur enjoignit d'aller au Temple et de recommencer à enseigner ; ce qu'ils firent en se regroupant dans leur lieu habituel : le portique de Salomon.

Vexé, le Grand Prêtre demanda aux gardes de les amener à comparaître de nouveau dans le Sanhédrin en leur enjoignant de le faire cette fois en douceur car il craignait que le peuple ne lapidât les gardes.

Une fois devant lui, il les apostropha violemment : nous vous avions interdit de professer la doctrine de ce Jésus et vous n'en tenez pas compte ; voulez-vous finir comme lui ? vous voulez aussi faire retomber le sang de cet illuminé sur nous mais nous n'avons fait rien de plus que ce que commande la loi pour l'hérésie ! c'est-à-dire la mort pour le blasphémateur.

Pierre se leva et dit : il faut obéir à Dieu avant d'obéir aux hommes ! or le Très-Haut a ressuscité ce Jésus le faisant chef et

160

sauveur des péchés, non seulement ceux d'Israël qui sont nombreux mais aussi ceux des autres peuples de la terre et vous, vous avez fait mourir Jésus.

Nous, les Douze Apôtres ont été témoins de ces faits extraordinaires et avons reçu l'Esprit saint que Dieu nous a donné pour convertir les peuples ; comment pourrions-nous oublier tout cela ?

Des cris s'élevèrent dans l'assistance « À mort ! À mort les hérétiques ! »

Alors un homme se leva et imposa le silence. C'était un Pharisien nommé Gamaliel, docteur de la loi et respecté du peuple c'est pourquoi il avait été choisi par la Fédération qui avait instillé dans son cerveau les idées qu'il allait exprimer.

Il donna l'ordre de faire sortir les Douze pour un moment ; puis ceci étant fait, il s'adressa à l'assemblée :

Hommes d'Israël prenez garde à la façon dont vous allez traiter ces hommes ; souvenez-vous de Thuyas, il avait réussi à s'adjoindre 300 hommes armés et voulais avec cette armée chasser les Romains et régner sur notre Nation ;

Il fut tué !

Au moment du recensement, il y eut Judas le Galiléen qui avait le même dessein,

Il fut tué à son tour !

Et combien d'autres Sicaires ou Christianis se sont essayés en vain à cette même tâche ?

Ils ont tous été éliminés par les Romains avec notre accord !

À présent, c'est assez ! je vous le dis laissez ces hommes tranquilles car Jésus, pour ce que j'en connais n'a jamais voulu prendre les armes contre les Romains ou contre notre peuple ; et si leur entreprise est une simple œuvre humaine, elle se terminera comme les précédentes en se détruisant toute seule.

Mais, par contre, si elle vient de Dieu comme ces gens l'affirment, alors vous ne pourrez pas la détruire et risquerez d'être en guerre avec Dieu, ce qui serait inconcevable ! je vous demande donc de laisser ces hommes aller librement au Temple et dans tout le pays enseigner leur doctrine ; nous verrons bien ce qu'il adviendra.

La Sagesse ayant parlé, même si elle avait été « suggérée » à Gamaliel, l'Assemblée se rangea à cet avis.

Le Grand Prêtre fit rappeler les Douze et les fit battre de verges pour ne pas perdre la face ! leur rappela mollement l'interdiction d'enseigner la doctrine de Jésus et les relâcha.

Les Apôtres joyeux d'avoir subi des outrages pour leur cause, qui les rendaient dignes comme des Saints, repartirent vers le Temple et recommencèrent à enseigner la bonne parole sans s'occuper du Sanhédrin car ils avaient compris que ce dernier ne les poursuivrait pas !

XXII

Les jours passaient et l'audience de la Parole de Jésus était de plus en plus connue et le nombre des disciples augmentait constamment ; des Juifs bien sûr mais aussi des Grecs, des Babyloniens et même quelques Romains de la classe noble, aussi bien que Légionnaire.

Deux grands courants se dégageaient parmi les nouveaux disciples :

Le courant « hébreux » et le courant « helléniste ».

Le courant hébreux était composé en majorité d'hommes et de femmes du petit peuple ; tandis que le courant helléniste rassemblait plutôt des juifs qui avaient vécu en dehors de la Palestine, notamment en Grèce, voire même à Rome. Plutôt instruits et ouverts à d'autres cultures mais qui depuis leur retour en Terre Sainte n'avaient pas abandonné leur foi première tout en la comparant aux religions diverses qu'ils avaient pu côtoyer lors de leurs pérégrinations.

Ce groupe apportait une caution « intellectuelle » à l'Église nouvelle.

Or, il advint que les hellénistes se trouvaient un peu délaissés spirituellement par rapport aux Hébreux et surtout astreints trop souvent au service à table de la communauté.

Sentant venir le conflit les Douze (influencés mentalement par la Fédération), convoquèrent l'Assemblée des Disciples et lui dirent :

— Frères, la mission que nous a donné le Seigneur, c'est de dispenser sa parole parmi les peuples et non de nous charger des tâches subalternes.

Choisissez parmi vous six ou sept hommes pieux, de bonne réputation et remplis de l'Esprit saint et de sagesse, qui pourront se charger de ces tâches ; nous laissant à nous les Douze, tout le loisir de nous consacrer à la diffusion de la parole, comme le Maître l'a voulu.

L'Assemblée, convaincue du bien-fondé de la proposition, l'accepta.

Immédiatement et désigna 7 Disciples.

Furent désignés et acceptés : Étienne – Philippe – Prochore – Nicanor – Timon – Parménas et Nicolas auparavant le prosélyte d'Antioche.

On les présenta aux Douze, qui après avoir prié leur imposèrent les mains (le baptême sec) qui les transcenda en faisant d'eux des Disciples saints, presque des Apôtres.

Et la parole du Seigneur croissait toujours grâce à la Fédération qui multipliait les actions secrètes auprès du peuple mais aussi parmi les prêtres du Temple à Jérusalem mais aussi dans les synagogues des grandes villes de Galilée ou de Judée.

Ces actions furent positives car on voyait partout des Prêtres classiques adhérer à la nouvelle Loi.

Mais Étienne faisait des prodiges à Jérusalem par des guérisons réussies et aussi avec ses paroles qu'il prononçait au Temple. Il avait une façon très simple d'expliquer au peuple la parole de Jésus et ce dernier comprenait ses explications peut-être mieux que celles des Douze qui commençaient à se méfier et à prendre ombrage du jeune Disciple doué qui réussissait mieux à transmettre la parole quelquefois que certains d'entre eux.

Mais plus dangereux encore, il avait fini par attirer, sur la communauté, de nouveau l'attention du Sanhédrin.

Comme le Grand Prêtre ne pouvait attaquer de front les Douze, il pensa les atteindre subtilement en ciblant ce Disciple en l'isolant des autres.

Il s'adressa secrètement à des hommes qui lui devaient tout rassemblés dans la « Synagogue des Affranchis » (ainsi nommée car elle était composée des descendants d'esclaves juifs amenés à Rome, soixante ans plus tôt par l'Empereur Pompée) ils avaient pu revenir en Palestine et être finalement affranchis grâce au Sanhédrin qui avait fait pression, avec succès, sur les prédécesseurs de Pilate.

C'est par des actions de « clientélisme » comme celle-là que le Sanhédrin tenait la communauté et ces hommes ne pouvaient que répondre favorablement à la demande du Grand Prêtre.

Pour ce faire, ils contactèrent Étienne pour – disaient-ils – mieux comprendre la parole de son Maître et discuter sur les fondements de la loi nouvelle. ; le but étant de le faire blasphémer.

Mais l'intelligence d'Étienne lui permit de ne pas être dupe de leurs manigances et il refusa le dialogue. Devant leur échec, ils se saisir du Disciple et le traînèrent violemment devant le Sanhédrin qui était réuni « comme par hasard » !

Prenant la parole devant l'Assemblée, ils dirent : nous avons entendu cet homme blasphémer et dire que Jésus, ce Nazaréen que les Romains ont éliminé sur notre demande, était venu pour changer les usages que nous a légués Moïse et aussi pour détruire le Temple.

Le Grand Prêtre s'adressant à Étienne lui dit : est-ce bien là ce que tu professes ? La réponse que fit Étienne consista en un long discours qui montrait la filiation entre Moïse et Jésus ; le premier créant l'alliance initiale avec Dieu, le second accomplissant les prophéties et initiant la deuxième alliance par l'incarnation humaine de Dieu.

C'en était trop ! l'Assemblée ne pouvait supporter un tel blasphème ! elle commença à crier à mort, à mort tous les blasphémateurs ! se saisissant d'Étienne, ils le firent sortir de la ville et sur un tertre situé près du Cédron, derrière la porte de Siloé, et commencèrent de le lapider.

Malgré la douleur atroce due à sa lapidation, Étienne se tourna vers le ciel en criant : Jésus, Jésus emporte-moi dans ton paradis. Alors, la Fédération envoya dans sa tête une vision qui montrait Santacris/Résoucris assis à la droite de Dieu qu'elle avait symbolisé par un buisson ardent pour bien montrer la filiation avec Moïse, cette vision fut envoyée également à certains meneurs les plus excités dans la foule, qui cessèrent immédiatement, après cette vision, leur lapidation ; ils se disaient : est-il possible que nous nous soyons encore trompés envers un envoyé de Dieu ? Sommes-nous maudits ? Sommes-nous coupables envers Dieu ?

La Fédération fit retentir alors une voix semblant venir du ciel qui proclama : Dieu est amour, il a envoyé son fils Jésus pour sauver le monde et accomplir les Écritures.

Épouvantés, ceux qui avaient reçu la même vision qu'Étienne s'enfuirent, tandis que celui-ci transfiguré mourut dans l'instant.

XXIII

Pendant la lapidation, un Juif à cheval placé sur le côté regardait l'évènement sans rien dire. Il s'appelait Saül (ou Paul si l'on prenait son prénom gréco-romain), il se disait originaire de la ville de Tarse en Cilicie et avait été mandaté par le Sanhédrin pour infiltrer tous les groupes de christianis pour les faire arrêter. Ses succès dans cette traque étaient très grands et il avait eu les félicitations de Pilate auquel il avait été présenté par le Grand Prêtre.

Ses congénères se méfiaient de lui et certains zélotes l'auraient bien assassiné comme traître à la nation juive. Saul en rajoutait – avec succès – pour passer pour un bourreau des juifs et dans les mains des Romains.

Mais malgré ces apparences trompeuses, Saül était en fait un agent de MOMP et de la Fédération !

Il était chargé par la Fédération galactique d'organiser la nouvelle religion tête de pont d'une future invasion pour les habitants de Terre 2.

Il suffirait pour cela de simuler un éblouissement devant un témoin qui serait considéré comme ayant tous les attributs d'une cécité totale suivis par une guérison miraculeuse qui redonnera la vue à Saul ; ce qui pourrait faciliter des conversions à la religion nouvelle.

Cette mise en scène, Paul l'avait programmée en accord avec MOMP pour qu'elle ait lieu sur le chemin du nord qui joignait Jérusalem à Damas ; et proche des portes de cette ville ; route empreinte surtout par des marchands qui pourraient, le cas échéant, témoigner de l'évènement. D'autant plus que Paul était connu, comme pourfendeur de christianis, par la plupart d'entre-deux et que le peuple l'avait vu exciter les jeteurs de pierres dans la lapidation d'Étienne.

L'effet n'en sera que plus remarqué !

Quand il fut prêt, il envoya le signal à MOMP.

Le Conseiller envoya l'artéfact prévu et une grande lumière éblouissante inonda la partie où Paul se tenait sur son cheval qui fit une embardée désarçonnant son cavalier. Et une voix venue du ciel l'interpella : Saul, Saul pourquoi me persécutes-tu ? Faisant semblant d'être effrayé, Paul récita le texte prévu en disant : qui es-tu Seigneur ?

« Je suis ce Jésus que vous avez laissé crucifier, alors qu'il venait sauver les peuples de la Terre en prenant sur lui tous les péchés de ces peuples pour les annuler par devant Dieu ; mais relève-toi Saul et rentre dans Damas et attends mes instructions. »

Quand Paul se releva, il s'écria :

— Je ne vois plus rien, je suis aveugle !

Alors constatant qu'il disait la vérité, ses compagnons de voyage le conduiront à la ville en lui tenant la main.

Trois jours durant, il resta aveugle et sans manger et sans boire s'abandonnant à la seule nourriture que lui donnait la prière.

Au bout de ce délai, Paul signala à MOMP qu'il entamait la suite du programme qu'ils avaient décidé. À savoir « structurer et s'approprier la religion nouvelle ».

Cela ne sera pas facile avec les Apôtres, notamment Pierre très imbu de sa personne qui croyait que Jésus l'avait désigné comme chef de la communauté.

Et avec Marie de Magdala dont Résoucris avait fait sa compagne et ses 2 enfants, il fallait aussi s'attendre à des problèmes.

Heureusement que Résoucris lui avait ordonné de fuir en Gaule, si les choses tournaient mal (mais Marie ne semblait pas consciente du danger !) Paul pensait venir à bout de ce cas d'autant plus que la Fédération pourrait l'aider en insufflant dans le cerveau de Marie le bien-fondé de cette fuite.

MOMP étant d'accord, il promit à Paul s'en occuper.

Avec l'adoubement des Apôtres, il pourrait enfin voyager vers les autres peuples, Romains, Grecs, Égyptiens, Babyloniens… afin de faire connaître le message de Jésus.

Mais, quand il arriva dans la maison où ils s'étaient regroupés pour pleurer la mort d'Étienne ; il ne vit pas non plus Philippe ; Pierre – qui était au courant du miracle de sa conversion – lui dit qu'il était parti en Samarie pour prêcher en espérant qu'il n'avait pas été arrêté à son tour.

Paul savait par la Fédération qu'il n'y avait pas de danger où se trouvait Philippe, il les rassura.

Puis, malgré la divergence des Apôtres sur la façon de délivrer le Nouveau Message, chacun reprit ses activités propres.

Pierre s'en fut mourir à Rome après avoir réalisé de nombreux prêches et quelques miracles ;

Paul et Barnabé enseignèrent à Antioche ; puis après un différend sur le fait d'adjoindre Jean (appelé aussi Marc) à leur équipe, Paul étant opposé, ils se séparèrent.

Barnabé et Marc partirent à Chypre, tandis que Paul prit avec lui Silas vers la Syrie et la Cilicie avec le but de visiter toute l'Asie Mineure.

Arrivé à Athènes, Paul fut conduit, sur la demande des Athéniens, devant l'Aréopage pour y délivrer le message de Jésus. Son discours ne fut pas bien reçu ; certains se moquaient, d'autres n'étaient pas du tout intéressés. Quelques conversions furent tout de même enregistrées.

En passant, ils fondèrent non sans problèmes avec les Juifs, les Églises de Corinthe et d'Éphèse.

XXIV

Ainsi, les choses se mirent en place, la nouvelle religion se structura et envahit peu à peu le monde. MOMP et Saül/Paul se félicitèrent mutuellement pensant que leur mission allait réussir et que l'humanité de Terre 2, grâce à cette nouvelle religion, allait bientôt pouvoir réintégrer leur patrie première :

LA TERRE 1 !

C'était sans compter avec l'humanité de Terre 1, dont la contradiction était l'ADN, le même que celui des lointains ancêtres qui avaient, un million d'année au paravent immigré sur Terre 2 ; avec l'esprit de résistance et de conquête qui avait permis cette immigration.

Au fil des siècles, tout avait échoué ; une première fois avec la destruction des Templiers au 14ᵉ siècle et de la vision du bûcher de l'île aux juifs à Paris, où Geoffray de Charnay, agent de la Fédération, avait péri aux côtés du Grand Maître Jacques de Molay.

Puis, quatre siècles plus tard pendant la Révolution française, Danton désigné par la Fédération pour prendre, avec ses

Girondins, le pouvoir afin d'instaurer une République apaisée, s'était fait distancer et guillotiner par l'incorruptible Robespierre.

Échoué également pendant la période suivante où deux agents de la fédération, Nicolas Saron et Sébastien Baron, placés dans l'entourage de Napoléon, s'étaient fait tuer l'un à Austerlitz et l'autre à Waterloo.

Un espoir était toutefois permis avec l'indépendance des Amériques, mais les agents de la Fédération qui avaient réussi à atteindre le cercle restreint de Washington avaient été compromis dans un trafic louche et avaient été éliminés !

Le Siècle suivant, le Conseiller TRACARTO et l'agent Louis Perrault n'avaient pas réussi à convaincre Victor Hugo et Alexandre Dumas de les aider à remplir leur mission.

Au début du 20e siècle, le Conseiller TRIACE avait désigné deux agents : un pour la France Marcel Thibaut, et un pour l'Empire germanique, Heinrich Sachs.

Hélas, l'un l'allemand fut tué dès le début du conflit en 1914 et l'autre le Français, succomba aux gaz en 1916, alors qu'il s'apprêtait à sortir de sa tranchée pour attaquer le front adverse.

Tout avait échoué avec le Christianisme, l'Islam était impuissant, par son opposition systématique à la doctrine de Jésus, à résoudre le problème et quant au Judaïsme, il y avait longtemps qu'il s'était renfermé sur lui-même.

Rien de bon n'était à attendre des religions présentes sur Terre 1.

Il fallait donc changer de méthode si l'on voulait atteindre le but fixé 2000 ans auparavant par le Conseiller MOMP !

XXV

Terre 2,
Salle du Grand Conseil de la Fédération
Réunion convoquée par le Conseiller TRIACE
Année terrestre 1931

Il y avait grand bruit dans la grande salle.

TRIACE leva la main en criant silence Citoyens ! il était accompagné sur l'estrade par son successeur COTROL, car son mandat expirait précisément à la fin de cette année ; mais il avait tenu à introduire le problème avant son départ.

Problème difficile, il le sentait bien mais ce qu'il avait conçu devait se réaliser sinon l'intégrité future de la Fédération serait compromise et le retour sur Terre1 n'en serait que plus difficile.

Le silence obtenu, il s'adressa aux présents :

Citoyens, malgré les moyens que nos prédécesseurs ont développés au cours des siècles, nous avons échoué avec le Judaïsme et le Christianisme et l'Islamisme n'avait pas été contacté à cause de façon particulière de pratiquer sa religion.

Mais, nous avons échoué aussi avec les libres penseurs ou les Empires qui ont succédé aux Révolutions américaine et française.

Ce n'est donc pas grâce à ces différents mouvements que nous reprendrons pied sur Terre 1 ; et c'est pourquoi je vous propose d'adopter une nouvelle méthode.

Pour la première fois, nous allons essayer de faire d'un terrien un agent de la Fédération ; bien entendu, les agents Sébastes et Cano seront là pour le contrôler mais il ne le saura pas.

L'homme que nous avons choisi est né en Autriche, il est germanophone et en est fier ; c'est un homme tourmenté mais excellent orateur, avec peu de phrases mais énoncées avec force, il subjugue son auditoire.

Par contre, il a à côté de ces qualités un gros défaut : il est raciste et notamment il est gravement antisémite. Mais je pense que lorsque nous l'aurons briefé convenablement nous pourrons avoir barre sur lui.

Il se nomme Adolf Hitler.

Ses origines sont plutôt modestes, il est aussi un peintre raté qui a été refusé, pour manque de technique, par l'Académie de peinture de Vienne en Autriche son pays d'origine. Il en a conçu une frustration importante et conservé un esprit de vengeance qu'il compte bien assouvir par la suite !

Un membre du Conseil leva la main : c'était Chorba, un opposant, mais qui faisait partie de l'équipe de COTROL désigné comme le successeur de TRIACE.

— N'avez-vous pas été trop loin Conseiller ? il nous faut des agents irréprochables et non une sorte de clochard illuminé et sans avenir.

— CHORBA ! son avenir, c'est nous qui lui ferons – ou plutôt c'est vous puisque vous allez dans la future équipe de COTROL me succéder ; écoutez mon équipe a estimé qu'il était l'homme capable de redresser son pays et peut-être de nous permettre d'atteindre, enfin, notre but après 2000 ans : reprendre possession de la TERRE PREMIÈRE de nos Ancêtres.

Vous pourrez vous rendre compte du personnage ; ce soir, il parle à la brasserie HOFBRAUKELLER : une brasserie de Munich en Bavière située Wiener platz, près de la rivière Isar. Vous nous donnerez votre opinion après.

— C'est en effet ce que je vais faire, si le futur Conseiller est d'accord. Je me ferai accompagner par les agents Salastis et Canot.

— Je vous donne mon accord CHORB dit COTROL ; assurez-vous et rassurez-nous par cette visite sur le profil de cet homme et voyez s'il mérite l'attention que suggère le Conseiller TRIACE.

— Ce sera fait.

Les 3 hommes se firent téléporter grâce à leurs capsules. Une fois à Munich, ils cachèrent soigneusement les petits vaisseaux sous les arbres qu'ils trouvèrent sur les berges de l'Isar et s'acheminèrent vers la Wiener platz.

XXVI

Brasserie Hofbräukeller
Munich, Bavière...

Dans la Brasserie, bruits, fumée et relents de saucisses chaudes arrosées de bière et de choucroute froide, constituaient la seule atmosphère ! pourtant, les personnes présentes, toutes des habituées, arrivaient à respirer malgré tout.

Tout à coup comme s'il était sorti d'une boîte à ressort, le patron monta sur l'estrade centrale en faisant de grands gestes avec les bras.
— Silence ! Silence ! Taisez-vous silence !
Le calme revint peu à peu et le silence se fit enfin.
— Concitoyens ! J'ai le plaisir de vous présenter notre Camarade, Adolf Hitler ; écoutez-le il a des choses à vous dire.
Un petit bonhomme d'aspect un peu ringard, les yeux fiévreux et le teint gris s'avança.

Des hurlements et des bravos déchirèrent la salle.

Il commença à parler, voix rauque, gestes désordonnés mais avec dans les yeux qui lançaient des éclairs ; une conviction fiévreuse :

178

— Compatriotes, les responsables de nos malheurs présents sont d'abord les ploutocrates anglais et américains qui, aidés par les Français, nous ont soi-disant écrasés en 1918 et qui nous ont imposé le honteux traité de Versailles ! Or, notre Nation n'était pas vaincue militairement et si la Guerre avait continué, nul doute que notre Reich aurait vaincu ses ennemis.

Je le sais car j'y étais, blessé dans ma tranchée pendant la Grande Guerre ! et j'ai bien vu que l'esprit combattant était toujours intact chez nos Soldats.

Alors qu'à Berlin les Démocrates défaitistes et les Rouges pacifistes, avaient vendu notre Reich.

Et quand le clairon maudit a résonné le 11 novembre 1918, nos troupes, pourtant toujours prêtent au combat, se sont senties trahies !

L'homme savait que ce « gros mensonge » passerait facilement dans un auditoire acquis à la théorie du complot de la traîtrise des politiques concernant la défaite allemande.

Il poursuivit :

— Mais, ces traîtres ne sont pas les seuls à avoir asservi le Reich ; une race maudite LES JUIFS, ceux-là mêmes qui ont crucifié Jésus de Nazareth, nous a envahi et en contrôlant tous les secteurs de l'économie, ont fait de notre pays, un pays pauvre alors que nos richesses étaient et sont encore très grandes.

C'est encore eux qui affament notre peuple aujourd'hui.

La voix s'enfla encore et finit dans une apothéose extatique avec un râlement rauque, comme une danse de mort verbale dont Satan serait le maître de ballet.

— Nous les traquerons ! Nous les détruirons ! Et tel Siegfried, nous les effacerons de la surface de la Terre ! Je m'y engage devant notre peuple.

Et je n'aurais aucune pitié envers cette race composée de sous-hommes.

Puis, un grand silence s'instaura dans la salle qui était comme pétrifiée. La tension retomba progressivement.

CHORB et les deux agents qui l'accompagnaient étaient subjugués par un tel orateur et en même temps scandalisés par la sortie sur les JUIFS ; eux qui venaient d'un monde qui avait réussi au cours des siècles, sur TERRE 2, à éliminer la plupart des contradictions de l'espèce humaine.

CHORB décida de revenir devant le Conseil afin d'y exposer son point de vue ainsi que celui des deux agents qui l'avaient accompagné.

Tous trois remontèrent dans leurs capsules et cinglèrent au plus vite vers TERRE 2.

Dès leur arrivée, CHORB demanda audience au Conseiller et à COTROL :

— Conseiller, nous avons vu et entendu cet homme sur Terre 1

Terrifiant !

— Mais, vous avez raison, Conseiller, c'est aussi un orateur étonnant capable, en effet, d'entraîner les foules. Je serais d'accord avec vous s'il n'y avait pas cette haine incompréhensible envers les JUIFS.

— Je sais mais on arrivera à le calmer sur le sujet, quand on l'aura adoubé. Je me suis penché sur le personnage et d'après ce que l'on sait, sa haine viendrait du fait de son rejet par deux fois en 1907 et 1908, d'entrer à l'Académie de peinture de Vienne pour « manque » de technique, refus signifié par un Directeur probablement juif ;

— Mais il y a plus.

— Comme chez tous ses compatriotes germaniques, il subsiste surtout une peur d'avoir des ascendants juifs dans la famille de la mère ou du père.

Cela vient du fait de la crucifixion de Jésus ; Resouscris pour nous.

— S'il savait ce qui s'est vraiment passé il y a dix-neuf siècles avec Resouscris, il serait bien obligé de changer d'optique sur les Juifs, dit CHORB ! allons-nous lui révéler la vérité sur les origines du Christianisme ?

— Nous ne sommes pas obligés de le faire, au contraire, ce sera un moyen supplémentaire de le surveiller.

— Quant aux Juifs, Je ne suis pas certain qu'il change son point de vue, dit TRIACE, il a trouvé un bon support et va l'exploiter au maximum.

— Il sera un partenaire difficile, c'est probable, mais nous lui ferons comprendre quel est son intérêt et quelle voie il devra suivre.

— Et s'il refuse ?

— Il sera toujours temps de l'éliminer !

TRIACE reprit la parole :

— Nous devons, maintenant désigner la commission qui devra l'adouber et obtenir son appui grâce à des fonds en or que la commission lui apportera en même temps que la visite.

Je propose pour commencer, 100 kg en lingots anonymes en lui faisant comprendre qu'il pourra en disposer d'autres quand il aura pris le pouvoir officiellement.

Puis se tournant vers son futur successeur :

— Êtes-vous d'accord COTROL ?

— Je le suis Conseiller mais permettez-moi de choisir l'équipe, car c'est nous qui devrons gérer l'affaire après vous. Je pense d'ailleurs accompagner la délégation.

— Tout à fait, simplement un conseil, choisissez pour vous accompagner des hommes durs et retors car le personnage l'est aussi et le rapport de force doit rester en notre faveur.

— Croyez-moi, ceux que je vais choisir seront de cette trempe.

COTROL avait déjà écrit deux noms sur une petite liste : ROBI & STARO deux frères de la famille de JADER qui avaient toujours protégé COTROL en tant que gardes du corps ; deux hommes correspondant tout à fait au profil conseillé par TRIACE.

XXVII

Ponton de
Départ du vaisseau mère...

Avaient embarqué à bord d'une navette légère et rapide : COTROL, ROBI et STARO avec une caisse métallique contenant les 100 kg d'or en lingots (ils savaient qu'ils pourraient manipuler aisément la caisse une fois sur terre grâce à l'avatar de dématérialisation qu'ils avaient apporté).

TRIACE était venu assister à leur départ et leur souhaiter bonne chance ; il ne put s'empêcher de leur donner une dernière recommandation : n'oubliez pas que du succès de votre démarche dépend l'avenir de notre peuple sur la planète mère. COTROL lui répondit en levant le pouce en signe d'assentiment.

Pensif, TRIACE contempla la navette qui disparut rapidement de l'horizon. Pour lui comme c'était la dernière action sous sa responsabilité, il avait à cœur qu'elle réussisse ce qui « vengerait » 2000 ans après, l'échec de MOMP.

En revenant vers son bureau, il décida de regarder les archives, celles de la transhumance vers Terre 2, 1 million d'années au paravent ; afin de commencer à étudier une transhumance « à l'envers » en cas de réussite de la démarche de COTROL.

Bien sûr, il faudra quelques décennies, même en cas de victoire, pour que l'humanité de Terre 2 réintègre la planète mère ; Terre 2 qui ne sera pas abandonnée au profit de Terre 1 et qui pourrait même conserver la direction et le pouvoir.

Mais, on n'en était pas encore là !

Il fallait donc que la démarche de COTROL réussisse à tout prix.

En rouvrant le « Grand Livre » de l'histoire de Terre 2, il regarda les documents photographiques qui avaient été pris sur Terre 1 à l'époque de la transhumance ; on y voyait une humanité affairée à ce sauvetage gigantesque ; lequel avait réussi malgré tout puisque Terre 2 avait été trouvée, heureusement, dans le cosmos proche, comme nouveau havre de l'humanité en perdition sur Terre 1 ; mais aussi sans doute de l'humanité tout entière car les explorations successives n'avaient détecté, dans leurs pérégrinations cosmiques, aucune trace nouvelle d'êtres humains compatibles.

Mais, TRIACE appréhendait les difficultés qui viendraient s'ajouter aux problèmes pas seulement techniques.

En tout premier lieu serait-il possible de refaire à l'envers le voyage ?

Depuis la première transhumance, les techniques avaient grandement évolué et le voyage retour ne semble pas poser, a priori, de problème.

De plus, le nombre de voyageurs ne sera peut-être pas aussi important que la première fois.

En effet, certains habitants de Terre 2 bien installés dans leur monde, accepteront-ils de revenir facilement sur la planète de leurs ancêtres ; planète qu'ils ne connaissaient que par des études historiques livresques ?

Tout cela devra être pesé, étudié et résolu avec soin ; mais malgré que COTROL n'appartienne pas au même clan philosophique que le sien, TRIACE faisait confiance au futur Conseiller pour gérer la situation.

Il n'y avait pas eu dans toute l'histoire de la Fédération, d'exemple de Conseiller différent de son prédécesseur qui n'aurait pas assumé les décisions prises avant lui. On pouvait espérer que COTROL suivrait cette tradition.

XXVIII

Sur les bords de l'Isar proche de Munich…

Les trois envoyés de la Fédération, après avoir dissimulé leur navette dans un petit bois, se dirigèrent vers la brasserie où Hitler avait l'habitude de prendre la parole ; la mallette contenant les lingots ne pesait rien du fait de sa dématérialisation.

Une fois arrivé ils s'installèrent à une table libre et constatèrent que l'ambiance était toujours aussi enfumée et bruyante comme leur avaient dit les premiers émissaires lors de leur première visite.

Après quelques morceaux de musique, le patron de la brasserie renouvela son annonce traditionnelle : Camarades ! il est là ! il arrive ! celui que vous attendez tous, l'homme qui tel Siegfried sauvera notre Reich ; je vous demande d'accueillir notre ami et camarade Adolf Hitler !

Les applaudissements et les acclamations fusèrent de toutes parts.
Hitler leva la main en signe d'apaisement et le silence se fit progressivement.

— Camarades germaniques ! Nous sommes tous des Aryens, issus de la lointaine Thulé et notre mission sur Terre et de glorifier notre espèce ; race qui est seule capable de diriger le monde, ET QUI LE DIRIGERA BIENTÔT.

— Mais des forces sataniques sont à l'œuvre dans l'ombre et essayent de nous empêcher de réaliser cette mission.

— Ces forces, vous le savez, ce sont les Juifs et leurs alliés, les Ploutocrates américains et européens ; ceux-là mêmes qui nous ont imposé le hideux Traité de Versailles qui a failli nous exterminer.

— Mais notre race est forte, plus forte que leurs manigances et ils ont échoué !

— Si vous me suivez, si vous continuez d'adhérer à notre parti, nous les réduirons au silence et nous les chasserons du Vater land.

Pendant plus d'une heure, Hitler continua son discours et porta la vindicte aryenne face à un public, gagné à sa cause et qui ponctuait toutes les phrases guerrières par des cris et des applaudissements.

COTROL et ses deux compagnons furent soulagés que ce « cirque verbal » s'arrête enfin. Et quand Hitler disparut de la scène et entra dans les coulisses. Ils le suivirent.

XXIX

Coulisses sous-sol de la Brasserie...

Hitler, après sa prestation, où il avait « craché » son message, avait essuyé avec une serviette la sueur qu'avait déclenchée son discours enflammé ; ne serait-ce ses terribles migraines, présentes après chaque intervention, il était assez content de lui, ses gestes étaient de plus en plus précis et percutants, ses paroles très étudiées marquaient son auditoire ; il le voyait bien chaque soir.

Les conseils que Hesse lui avait prodigués pour affiner ses attitudes grâce à cette espèce de yoga étudié face à une glace en pieds avaient été cruciaux dans sa formation de « tribun » populaire qu'il était devenu.

Sacré Rudolf ! il avait les codes provenant d'une culture secrète adaptée précisément à sa personne.

D'où venait-elle cette culture ? D'INDE ou d'ÉGYPTE, Hitler aurait été incapable de le dire et pourtant il était très proche de Rudolf depuis qu'il avait été emprisonné avec lui, après le putsch manqué ; c'était aussi Rudolf qui avait mis en forme, pendant cette période, le texte de Mein Kampf ; sans lui, son ouvrage aurait été terne et n'aurait pas eu le succès qu'il commençait à susciter dans le public.

Et il savait que Hesse s'adonnait à l'Alchimie et prenait toutes ses décisions après avoir tracé le thème astrologique de la personne ou de la décision à prendre.

Malgré tout cela, il ne connaissait pas vraiment son adjoint.

Hitler n'avait pas d'ami au sens où on l'entend habituellement. Il n'acceptait, dans son entourage, que des personnes qui étaient passionnées par sa personne – des adeptes d'une nouvelle religion – dont il était le seul gourou !

Tout cela marchait de mieux en mieux !

Mais hélas cela n'annulait pas son angoisse sur ses origines ; il en était presque certain : du côté des parents de sa mère, il y avait un léger marquage juif.
Et Hitler savait que la judaïté se transmettait par les femmes.

C'était sa peur, sa hantise ; d'où sa colère envers les juifs et une religion qu'il refusait.

On frappa à la porte.

Le SA qui lui avait été attribuée pour sa sécurité entra : Camarade, il y a ici trois hommes qui souhaitent vous rencontrer.
— Qui sont-ils aboya Hitler ?
— Ils prétendent venir du parlement de Vienne pour vous délivrer un message. Mais ils n'ont pas l'accent autrichien.
— Bien, fouille-les et fais-les venir mais ne t'éloigne pas.
Après une fouille efficace faite par le SA, les trois hommes entrèrent.

— Entrez et asseyez-vous je n'ai pas beaucoup de temps, soyez brefs.

COTROL présenta ses compagnons.

— Camarade, nous sommes Heinrich Kappler, Wilhelm Sach et moi-même Edmund Kolb. Pardon du dérangement, voici notre message.

Kappler et Sach commencèrent à l'enseigner prudemment sur la Fédération, tandis que COTROL/Kolb instillait dans l'esprit d'Hitler les éléments nécessaires pour sa compréhension.

Au fur et à mesure que l'histoire se déroulait, le visage de Hitler se modifiait et ses yeux lançaient des éclairs !

Quand Kappler et Sach eurent terminé, Kolb reprit la parole :

— Vous avez été choisi, Adolf.

— Choisi par qui ? l'histoire d'extra-terrestres que vous me racontez sent le soufre ; je veux bien l'écouter, mais attention ! si vous voulez me tromper ou me corrompre, je vous ferais éliminer par mes SA.

— Comment pourrions-nous vous tromper, vous qui êtes l'Élu !

Kolb intensifia la télépathie pour prendre le cerveau et lui instiller l'idée qu'il était effectivement cet élu. Il n'eut pas beaucoup de mal à imposer cette idée, car Hitler y était inconsciemment déjà acquis.

Hitler reprit une attitude plus calme.

Kolb vérifia une dernière fois que le cerveau d'Hitler était sous contrôle et constatant que c'était le cas, dit : Vous aurez besoin de fonds pour conquérir le pouvoir, cette petite avance devrait vous y aider.

Kappler, sur l'invite de Kolb, présenta la mallette métallique qu'ils avaient amenée ; elle était pleine de billets en Reichsmark, francs suisses et Dollars ; dans une boîte sur le côté étaient rangées 200 pièces de Marks/or ; voici pour commencer dit Kolb.

Hitler regardait avec des yeux écarquillés le trésor qu'on lui présentait. Dans sa jeunesse pauvre, il n'avait jamais vu autant d'argent à la fois.

Mais comme Kolb lui avait instillé, le concept du chef, il ne manifesta pas son étonnement.

— Je ne vous remercie pas car ma cause est grande et mérite cette dotation ; mais attention ! si vous croyez que par ce don vous me tenez à votre merci, vous feriez une grave erreur. Sachez que je ne suis redevable envers personne.

— Loin de nous, cette intention dit Sach amusé ; nous suivrons votre ascension et vous aiderons à nouveau si besoin.

— Il y a bien encore une petite chose dite Kappler ; nous souhaiterions que vous « adoucissiez » votre discours sur les Juifs car ils pourraient vous aider aussi dans votre conquête.

— JAMAIS ! vous ne m'entendez JAMAIS. Je les exterminerais tous !

— Peut-on savoir ce qui motive une telle haine ?

— C'est mon secret répondit Hitler.

— Pourtant, pendant la Grande Guerre, où vous avez été blessé, il semble que vous avez été sauvé par votre adjudant, le juif Blanstein. Cette haine est motivée par le doute que vous avez sur vos probables origines juives n'est-ce pas ?

— Ces mon secret vous dis-je ! Blanstein a d'ailleurs été récompensé pour cette action.

— Alors pourquoi l'avez-vous fait exécuter par vos SA ?
beau remerciement en effet !

— Je ne l'ai pas fait exécuter ; il était malade, il est mort
d'une septicémie.

— Et sa famille ?

— Ne me parlez plus de tout cela ! j'ai à faire.

Soyez certain que votre don sera bien employé.

— Vous avez intérêt.

Nous vous aiderons dans la mesure où vous honorerez le
contrat que vous venez d'accepter avec nous. À bientôt.

Nous vous contacterons quand vous serez nommé Chancelier
du Reich.

— Ce n'est pas encore fait. Partez maintenant.

XXX

Hangar proche de la gare de Stalingrad
1er février 1943, secteur allemand...

Les choses avaient avancé depuis l'élection des Nazis et leur entrée au Reichstag avait abouti à la nomination de Hitler comme Chancelier du Reich.

Et le peuple semblait satisfait de ce changement (sauf les citoyens juifs ou les Gitans). D'Autant que depuis 1939, grâce aux « blitzkriegs », la chance souriait au nouveau Chef de Berlin ; s'appropriant dans un irrépressible élan, la Tchécoslovaquie, la Pologne, la Norvège la Hollande, la Belgique et la France (aidé pour ce dernier pays par des forces occultes fascisantes présentes dans la Bourgeoisie intellectuelle française).

C'est la réflexion que se faisait Karl Steffel, agent de la Fédération qui avait choisi ce pseudonyme afin d'être affecté au secteur allemand ; son homologue responsable pour la Fédération implanté dans l'armée russe, Youri Stepov, l'avait contacté secrètement au début de l'offensive russe et ils avaient convenu d'un endroit assez éloigné des combats du centre-ville pour faire le point.

Malheureusement, les points de choc s'étaient étendus sur les rues autour du centre et Youri avait manqué deux fois le rendez-vous ; celui de décembre 42 et celui de janvier dernier.

Ce n'était facile du fait qu'ils portaient chacun deux uniformes ennemis, ils risquaient à tous moments d'être tués par l'une ou l'autre des parties ignorantes de leurs vrais statuts.

Steffel avait tenté d'avoir des nouvelles de son collègue en contactant la Fédération mais elle n'avait pas répondu jusqu'à maintenant.

S'il n'y avait pas, en plus ce foutu froid, pensa-t-il, cela irait mieux !

Steffel avait les doigts gelés ; il aurait été bien incapable de se défendre si un soldat russe venait l'attaquer, car, comme ses doigts, son fusil était aussi gelé.

Et c'est pourtant ce qui se produisit !

Zigzagant rapidement un Russe des troupes d'assaut soviétiques bondissait vers lui.

Maladroitement, Steffel saisit son fusil.
— Karl, ne tire pas ! c'est moi Youri ! oui Youri !
Les deux hommes s'étreignirent.

Youri reprit la parole :

— Déshabille-toi et enfile cet uniforme, le même que moi, de lieutenant russe, j'ai vu les émissaires allemands ce matin, ton Général von Paulus va capituler officiellement demain.

— Ça ira pour ton russe ?

— Oui, oui ne t'en fait pas, je le parle couramment avec l'accent ukrainien !

XXXI

Salle du Grand Conseil de la Fédération
Terre 2...

C'était TRIACE, l'ancien Conseiller, qui menait avec d'autres, la critique véhémente contre le Conseiller COTROL.

— Vous nous avez entraînés dans un piège en soutenant cet Hitler, vociféra-t-il ; ce criminel psychopathe va exterminer la Terre entière, si on ne l'arrête pas !

— J'avoue m'être trompé, répondit COTROL, mais pas plus que mes prédécesseurs !

Rappelez-vous nos échecs, le premier avec MOMP, incapable de diriger RESOUCRIS ; avec les Templiers ; notre quasi-absence dans la Révolution française, la Première Guerre mondiale...

Franchement, je ne me sens pas plus coupable qu'eux.

Mais vous avez raison, il faut en finir avec ce malade. Que proposez-vous ?

Un jeune Conseiller nommé Jude SIRTO, spécialiste des modélisations, s'avança et prit la parole :

Je propose :

1/ de transmettre aux ALLIES tous les renseignements militaires qui leur permettront de gagner cette guerre, y compris la procédure pour réaliser la fission nucléaire (cette dernière seulement aux forces américaines car elles seront plus malléables et plus civilisées que les Russes).

2/ d'implanter dans l'esprit des hauts gradés de la Wehrmacht, les Généraux mais aussi les jeunes Colonels, que Hitler va les conduire au désastre militaire ; tout en implantant le contraire dans le mental des « purs Nazis » en faisant de ce dernier toujours l'Élu et en renforçant la confiance aveugle qu'ils ont en lui.

De ces contradictions naîtront des conflits qui permettront à l'Armée d'éliminer « naturellement » le dictateur.

Enfin après ce conflit,

3/susciter une rivalité entre Américains et Russes frisant une nouvelle guerre qui serait nucléaire mais « froide » ; les extrêmes conséquences de cette guerre pour la survie de l'humanité de la planète seraient telles que les hommes de Terre 1 comprendraient que c'est la PAIX qui est la seule voie possible.

COTROL reprit la parole :
— Je trouve ce projet parfaitement adapté à la situation présente et conforme aux rapports de nos agents, Steffel et Stepov. Je vous demande de vous exprimer sur le sujet
TRIACE, l'ancien Conseiller demanda la parole :

Je suis d'accord sur ces procédures avec toutefois une inquiétude concernant le nucléaire ; regardez le livre de notre histoire : c'est à partir du moment où ils ont acquis la maîtrise de l'atome que nos ancêtres ont commencé à fabriquer des bombes avec les résultats que l'on sait, leur transhumance finale.

Et je ne suis pas sûr que cette humanité soit plus intelligente que n'était celle de nos ancêtres !

— Vous avez sans doute raison dit SIRTO, l'inventeur du projet ; c'est pourquoi je crois que cette « espèce de guerre » que j'ai appelée froide entre Russes et Américains, nous donnera le temps pour aviser et intervenir en cas de « vrai » conflit.

Un autre membre se leva ; RECALL :

— je trouve une similitude avec le passé ; deux forces sont en présence, comme au temps de Résoucris seulement nous ne savons pas aujourd'hui lesquels des Russes ou des Américains sont nos Juifs ou nos Romains ! souvenons-nous qu'à l'époque cela avait mal tourné pour nous. Donc prudence.

— Je tiens compte de tout cela, évidemment dit COTROL, mais il faut en sortir car des hommes ne meurent actuellement pour rien ; je passe donc au vote :

— Que ceux qui approuvent le projet SIRTO lèvent la main.

Une majorité se dégagea en faveur du projet, quelques abstentions pas de contre.

COTROL se leva et solennellement, comme c'était la tradition, se couvrit avec son bonnet de Grand Conseiller et annonça :

— Le projet est adopté.

XXXII

En décembre 1943, arriva au Camp Griffiss à Bushy – Park près de Londres, QG d'Eisenhower (SHAEF), une grande enveloppe scellée avec de la cire.

Le sceau montrait un symbole inconnu : une espèce de ligne brisée comme un éclair émanant d'une boule sur laquelle était gravé le chiffre 2.

Une fois ouverte, avec les précautions d'usage en temps de guerre, quelle ne fut pas la surprise des Officiers présents de constater son contenu.

Il y avait là :

Le plan d'invasion de l'Union soviétique (opération BARBAROSSA de juin 41) obsolète aujourd'hui mais qui rendait compte des conceptions militaires de Hitler en matière d'invasion ;

Les derniers rapports des conseils de guerre de Hitler qui s'étaient tenu au Berg Hof en Bavière ou au Wolfsschanze (la tanière du loup) son autre quartier général à Rastenburg en Prusse-Orientale ;

Un plan précis pour 1944 du déploiement des U-Boot dans l'Atlantique ;

Les derniers états des lieux sur l'industrie d'armement ;

Les points de ravitaillement en Russie pour le fuel ;

L'état des stocks d'eau lourde et les prévisions de fabrication ;

Deux livrets de codes pour Enigma ;
Les numéros de comptes bancaires et leurs mots de passe déposés en Suisse, en Bolivie et au Pérou.

Mais ce n'était pas tout !

Devant les yeux effarés, des officiers alliés s'étalaient encore :
— un plan d'invasion de la Chine, du Tibet et à plus long terme, de l'Inde qui était sous mandat britannique.
— un curieux rapport, marqué en rouge « Sehr Geheime » – très secret – sur une conférence qui se serait tenue à Wannsee le 20 janvier 1942.
Quand ils eurent pris connaissance de la totalité du rapport – ils n'en crurent pas leurs yeux !
Il ne s'agissait pas moins que de l'extermination « rationnelle » de tout un peuple – les JUIFS avec les Tziganes et de leur destruction physique totale d'abord en Europe puis dans l'ensemble de la planète !

Une folie !

Une folie démoniaque imaginée par des criminels démoniaques !

Les Alliés avaient la preuve de la réalité des rumeurs qui avaient couru – auxquelles ils n'avaient pas cru – sur la transformation de camps de travail ou de prisonniers en unités de destruction massive dans les pays occupés par le Reich !

Enfin, un dernier document portait une simple inscription en anglais :

« every week you receive other information of the same type. The next delivery will show you the Japanese battle plan. Don't try to find out we are. We want your victory »

Le capitaine Sparks, chef du bureau de liaison SHAEF prit la parole :
« Si c'est vrai c'est énorme ! je dois prévenir IKE de toute urgence depuis l'accord de Téhéran ce serait un avantage incontestable. »

Le Lieutenant Johnson, son adjoint, s'avança et dit : cela me paraît trop beau pour être honnête ; surtout, nous ne pouvons pas vérifier !
— Mais si nous le pouvons ! avec les comptes bancaires répondit Sparks.
Quelque temps après, Sparks et Johnson eurent l'accord de IKE.

Le MI6 britannique fut contacté avec la bénédiction de CHURCHILL, pour fournir les Agents secrets de toute confiance (on leur fit prêter serment), qui vérifieront, sur place, en Suisse, en Colombie et au Pérou si les comptes existaient et si les mots de passe indiqués dans les documents fonctionnaient.

Les consignes données aux Agents, si tout cela était vrai, étaient : d'accéder aux comptes, de ne rien prélever évidemment et de seulement photographier les contenus, puis de refermer les coffres et de « décamper » au plus vite afin de ne pas alerter les Allemands.

Six jours plus tard, après le retour de tous les Agents, il fallut bien se rendre à l'évidence :

TOUT ÉTAIT VRAI !

Les coffres contenaient selon les pays : de l'Or des Diamants, des Bons du Trésor américains, des numéraires Dollars, Francs suisses… une vraie fortune dans chaque coffre.

Les Cabinets de Guerre de CHURCHILL et d'Eisenhower (lequel allait être prochainement désigné comme Commandant suprême des Forces Alliées) commencèrent à voir d'un autre œil les informations anonymes qu'ils avaient reçues.

Par prudence, ils n'informèrent pas de cette situation, les représentants des pays réfugiés à Londres ; ni les Français avec de Gaulle, ni les Norvégiens pas plus que les Polonais, estimant qu'il serait toujours temps de le faire.

En fait, étant les deux Nations qui supportaient seules l'effort de guerre, à l'ouest, ils ne souhaitaient pas partager cette manne venue d'on ne sait d'où !

C'est pourquoi STALINE, qui pourtant réussissait sur le front Est, n'avait pas été averti non plus ! une prémonition pour la suite ?

Compte tenu de la masse d'informations militaires et économiques envoyées anonymement aux Alliés par la Fédération Galactique, ces derniers purent arrêter le conflit européen plus tôt que prévu.

XXXIII

Berlin, 29 avril 1945, bunker de la Chancellerie,

Rudolph Hess, successeur désigné de Hitler et agent de la Fédération, prisonnier en Angleterre depuis 1941 à cause de sa tentative manquée de paix séparée sur le front Ouest, avait pu contacter la Fédération et demander à celle-ci d'instiller dans l'esprit d'Albert Speer, architecte préféré d'Hitler et écouté par le dictateur, un message pour convaincre Hitler soit de se rendre aux Russes à Berlin, ou aux Anglo-Américains à Frankfurt récemment libérée soit… de disparaître définitivement (avec une préférence pour cette dernière solution, COTROL ayant peur que l'existence de Terre 2 soit révélée par Hitler) ;

Mais il comptait aussi sur l'orgueil délirant du maniaque pour privilégier une « fin wagnérienne » à un suicide banal.

Hitler refusa de se rendre et préféra le suicide avec une incinération pour que sa dépouille ne soit pas donnée en pâture à la foule comme cela avait le cas pour celle de Mussolini.

Il se donna la mort dans son bunker situé sous la Chancellerie avec Éva Braun après l'avoir épousée le 30 avril 1945.

La Guerre à l'ouest était terminée !

Il restait le Japon ! toujours debout, bien que moins vivace mais toujours aussi dangereux.

La Fédération allait aider les Alliés à s'en débarrasser rapidement.

FD ROOSEVELT étant décédé en avril 1945, son successeur, Harry Truman, grâce à l'aide apportée secrètement aux Américains par la Fédération Galactique de Terre 2 sur l'Énergie atomique, avait pu produire 2 bombes ; il voulut qu'on les utilise pour en finir avec le conflit.

Il ordonna les bombardements sur Hiroshima et Nagasaki avec lesquels, devant l'horreur des effets apocalyptiques générés par ces bombes, il obtiendra la reddition immédiate du Japon le 2 septembre 1945.

Avec la maîtrise de la fission nucléaire, l'humanité terrestre venait de « libérer le Génie de la lampe » et son destin en serait à tout jamais changé !

Les périodes qui suivirent furent inégales alternant avec des temps de paix précaires, une pandémie qui sévissait sur Terre 1 et des guerres localisées, notamment pour la possession de l'eau.

Pour des observateurs extérieurs, comme ceux de Terre 2, la planète Mère apparaissait sur les divers continents comme « grêlée » – pas tout fait en paix ni tout à fait en guerre ! d'une beauté émouvante dans certains lieux, épuisée et laide dans les endroits où la main de l'Homme l'avait copieusement torturée, sans aucune espèce de remord !

La science « aidée par les gens de Terre2 » n'avait pas réussi à éduquer l'humanité terrestre ; la sagesse venue du fond des âges n'ensemençant pas les consciences des hommes, le chaos s'installa peu à peu sur la planète.

Puis les dégâts climatiques causés par des erreurs humaines, entraînant des catastrophes naturelles ; les fanatismes religieux, notamment l'Islam radical ; et pour tout arranger, une pandémie respiratoire pratiquement incontrôlable s'installèrent en même temps dans le monde ; situations dramatiques qui produiront à la longue des millions de morts et qui annuleront l'attribution du « label civilisé » à l'Humanité de Terre 1.

Les mêmes causes produisant les mêmes effets, les Ancêtres qui avaient réussi la transhumance sur Terre2 des millions d'années auparavant, devaient se retourner dans leurs tombes !

Tout allait mal ! et cela ne faisait que commencer !

XXXIV

Paris, parvis de Notre-Dame
De nos jours…

Jarry COTROLL, agent de la Fédération galactique, petit-fils du Conseiller COTROLL, celui qui avait voulu recruter Hitler, 75 ans auparavant, sortit de l'Hôtel Dieu à Paris et se retrouva sur le parvis de la Cathédrale ; il venait de soutenir et d'accompagner dans la mort un autre agent, Yves ROLANDE, atteint par le COVID 19, une pandémie qui sévissait sur Terre1 et que les médecins de Terre2 n'avaient pu éradiquer jusqu'à ces derniers jours. Des millions de morts avaient déjà quitté le monde et cela continuait de tuer sur tous les continents de la planète bien que différents vaccins aient été élaborés par les savants venus du monde entier.

Rien n'y faisait ! la vaccination « traînait » dans certains pays malgré un effort de vaccination incroyable de la France, pays dans lequel il avait été implanté par la Fédération.

COTROLL avait été désigné à ce poste pour ses compétences ; sur Terre 2, il était, médecin entre autres.

Mais, il était désespéré car il voyait bien que ses collègues, qui avaient été disséminés sur tous les pays de Terre 1 comme lui par la Fédération étaient tous ou malades ou décédés de la pandémie ; mais surtout parce qu'il avait rencontré une terrienne, Claire FRANCEA, dont il était tombé amoureux et qu'ils avaient tous les deux fait des projets de mariage.

Jusqu'à ce jour, il ne lui avait pas révélé sa réelle identité ni qu'il venait d'une autre planète pour accomplir une mission particulière.

Mais la vraie raison de son silence c'était que Claire avait été contaminée récemment ;

Or, il savait que comme pour ses collègues et malgré la science élevée de Terre2, il ne pourrait sans doute rien pour elle.

Elle allait mourir bientôt ! et peut-être même qu'elle l'aurait aussi contaminé avant !

Heureusement, l'effort mondial de la recherche avait réussi à produire rapidement 2 vaccins qui semblaient positifs ; mais avant que tous les humains soient vaccinés, il y aurait encore de nombreux morts

De toute façon, ils n'auraient pu être sauvés en retournant sur Terre2, car par souci de protection contre une pandémie qu'elle n'avait pu éradiquer, elle avait fermé ses portes et tous ses accès galactiques.

Dans le « Grand Livre historique » de Terre2, il se rappelait avoir lu que les Ancêtres avaient subi une pandémie assez voisine qui s'ajoutant aux déboires causés par l'homme et aux millions de morts, avait contribué à prendre la décision de la transhumance lorsqu'une planète habitable serait trouvée

Mais l'humanité actuelle de Terre 1 n'en était pas encore au même niveau que les Ancêtres – notamment pour le voyage spatial – il n'avait pas encore découvert les principes de l'hyper espace (voyage à la vitesse de la lumière) et la Fédération n'avait pas encore décidé de les instruire sur le sujet.

Décidément, pensa-t-il, l'histoire des humanités terriennes, même si elles sont différentes, empruntent, à chaque période bien qu'éloignées dans le temps, les mêmes chemins ; ceux de l'enfer !

Il ferait son rapport à la Fédération ; un rapport négatif.

À son avis, on ne pouvait plus rien pour Terre 1 du moins actuellement !

Il se remémora encore ses études historiques du temps où il était étudiant sur Terre 2, concernant les tentatives tout au long des siècles d'infiltration des habitants de la nouvelle humanité vers la planète Mère – elles avaient toutes échouées. COTROLL voyait dans ces échecs une erreur de conception initiale faite il y a plus de 2000 ans par MOMP, le Conseiller de l'époque qui avait créé le principe d'utiliser un seul support spirituel nouveau autre que militaire, pour investir Terre 1.

MOMP avait négligé les méthodes classiques en pensant que les tentatives avec les religions devraient suffire.

Or, les siècles passant, on constatait que rien de positif n'était venu des religions ; au contraire, elles avaient toujours déclenché des drames, des génocides, des bûchers, des massacres d'innocents en imposant aux peuples, un obscurantisme rétrograde.

C'était le cas pour l'islam qui n'avait pas su contrôler, en son sein, ses éléments radicaux qui fomentaient des attentats et des crimes sanglants de par le monde en déstabilisant les démocraties terrestres.

N'étant pas croyant lui-même, COTROLL comprenait que la FOI existait et pouvait être honorable, mais pas l'instrumentalisation que les différents appareils (Églises, synagogues, temples ou mosquées…) avaient fait de cette FOI universelle sur la planète Mère.

Une tentative avait été tentée dès le 20e siècle vers la Franc Maçonnerie Universelle, Obédiences acceptées ou non. Mais les organisations traditionnelles comme celles du Royaume-Uni ou celle des États-Unis, peu habituées à traiter des problèmes concrets autres que religieux n'avaient pas répondu aux sollicitations anonymes de La Fédération. Seule la Française, le Grand Orient de France avait donné le sentiment de vouloir apporter des solutions aux problèmes humains.

Mais, elle ne représentait pas une grande force d'influence sur Terre 1 et la Fédération avait cessé les contacts.

Puis, la pandémie arriva et accapara tous les esprits et les corps !

COTROLL savait que si Les Ancêtres avaient eu les mêmes problèmes à leur époque. Le Grand livre d'histoire n'avait apporté, à l'époque comme seule réponse, que la transhumance.

Pour autant, il n'avait pas lui non plus la bonne réponse et à la place de MOMP, dans le même contexte, il aurait peut-être suivi la même voie.

C'est en faisant ses courses au supermarché qu'il reçut un appel de la mère de Claire pour lui signaler que sa fille avait été hospitalisée car elle avait de graves problèmes pour respirer.

D'après sa mère, elle a été touchée par le Covid19 et les médecins considéraient sa situation comme préoccupante et n'avaient pas caché que son processus vital était engagé.

Il ne pourrait même pas aller la voir car elle était isolée et entubée en réanimation !

Le peu d'espoir qu'il possédait encore venait de disparaître après cette nouvelle.

Une colère noire s'empara de lui : comment des hommes dotés de raison pouvaient-ils scier la branche (la planète) sur laquelle ils étaient assis ! à force d'abîmer la Terre en privilégiant l'argent à la vie ! la finance à l'écologie,

Ils avaient ENCORE TUÉ la Terre pour leur génération mais aussi pour celle qui viendrait après eux.

Le scénario qui avait indexé l'humanité des millions d'années auparavant, recommençait avec autant de vigueur sinon plus ! mais les hommes sur Terre 1, sauraient-ils se sauver comme les Ancêtres l'avaient fait jadis ?

Rien n'était moins sûr !

Épilogue

C'est en revenant du cimetière où il venait d'enterrer Claire FRANCEA qui avait succombé au virus en trois jours seulement, que COTROLL décida d'appeler à l'aide en contactant Terre 2 pour que ses compatriotes viennent « en force » par tous les moyens, envahir Terre 1 pour régler les problèmes de la planète, en sauvant ses habitants.

Il fallait que le plan RÉSURRECTION inventé par MOMP il y a plus de 2000 ans soit remis en vigueur ; il s'apprêta à forger les arguments qui convaincraient le Conseil à intervenir rapidement.

URGENT COTROLL appelle…

URGENT COTROLL appelle le Conseiller Karl SASSICON…

Un Secrétaire décrocha : qui y a-t-il COTROLL, le Conseiller est occupé, il ne peut répondre pour l'instant.

Dites-lui que c'est un appel au secours, un cas de vie ou de mort.

Je demande que le plan RÉSURRECTION soit de nouveau actif et que la Fédération vienne ici sur Terre 1 pour prendre les décisions nécessaires pour sauver la planète, car elle et ses habitants sont en train de MOURIR !

Je sais que Terre 2 peut nous délivrer. Quel est le plan de sauvetage prévu ?

— À ma connaissance, aucun répondit le secrétaire
Je transmettrais votre appel au Conseiller, il ne manquera pas de vous contacter s'il le juge utile.

— S'il le juge utile ! Mais nous sommes en train de crever, ici ! j'exige, en tant que citoyen de Terre 2 qu'il réponde et qu'il vienne nous sauver, les Terriens et Nous ses Compatriotes.

— Je suis désolé COTROLL ceci n'est pas de mon ressort.

— Et c'est quoi votre ressort ?

— Gérer les appels du Conseiller SASSICON.

C'est après trois appels que le Conseiller SASSICON, contacta, enfin, COTROLL.

— Je suis là COTROLL que se passe-t-il ?

— Il se passe Conseiller que notre planète Mère, à cause de ses habitants, se meurt comme par le passé ; je demande que le plan RÉSURRECTION soit remis en vigueur d'urgence mais avec des moyens plus drastiques. Terre 2 a le devoir de sauver Terre1 avec tous les moyens nécessaires. Envahissez Terre 1 militairement cette fois-ci pour sauver cette planète ; notre planète Mère !

— COTROLL, nous n'interviendrons pas.

Cette humanité n'est pas sauvable, je suis désolé pour vous et nos agents, que nous ne pouvons pas rapatrier sur Terre 2, car vous avez été tous touchés par la pandémie ; pandémie, comme vous le savez, que nous n'arrivons pas ici à éradiquer.

Nous ne détruirons pas Terre2 pour sauver Terre 1 !

— Vous nous abandonnez donc !

Comment pourrez-vous dormir sereinement à l'avenir. L'histoire retiendra votre nom comme responsable de non-assistance à des millions d'êtres humains !

— Je ne suis pas le seul responsable de cette décision, COTROLL, elle a été prise « à l'unanimité » par l'ensemble du Conseil. C'est désolant je sais mais vous auriez fait sans doute la même chose à notre place.

— Non, car j'ai pu apprécier les humains d'ici, ils sont ni plus ni moins dignes de respect que n'étaient nos Ancêtres et par extension nous-mêmes.

Si leur intelligence est issue du même tronc commun, leur « cœur » est plus grand que le nôtre. Ils sont plus humains que nous.

Et connaissant cette qualité, NON, je n'aurais pas pris la même décision que le Conseil ; au contraire ! j'aurais mis tous les moyens dont dispose la Fédération – et ils sont grands – ce n'est pas vous qui me contrarierez sur ce sujet et quitte à refaire une nouvelle transhumance, j'aurais sauvé nos frères de Terre 1.

En nous abandonnant, vous commettez un génocide passif.

Je vous maudis ! je vous maudis !

Le Conseiller reprit la parole :

— COTROLL, cette humanité ne vaut pas la peine d'être sauvée ; d'après ce que nous savons de nos Ancêtres, elle est bien par rapport à eux, en dessous au niveau technique mais également surtout au niveau moral. L'amener sur Terre 2 ne ferait que détruire, à terme notre planète qui sera soumise alors aux querelles, aux crimes, aux révolutions destructrices, fomentées par les nouveaux arrivants qui n'auraient pas la maturité nécessaire à la survie sur Terre 2 et qui reproduiraient leurs défauts et turpitudes d'ici.

Donc, nous ne prendrons en aucun cas ce risque ! nous sommes désolés pour nos compatriotes de Terre 2 envoyés avant la pandémie mais je crois malheureusement qu'ils sont pour la plupart décédés à cause de la maladie hélas. Nous n'avons plus de nouvelles sauf de vous.

— Conseiller, laissez-moi présenter et défendre le dossier auprès du Conseil.

— Non COTROLL, notre décision est irrévocable ;
je vous souhaite bonne chance pour la suite.
Adieu !

— Eh bien, je viendrai sans votre aide, je sais encore où trouver des vaisseaux qui me permettront de venir convaincre le Conseil de la nécessité de ce sauvetage.

— Ne faites pas ça, mon ami, vous seriez immédiatement abattu.

En outre, j'ai fait fermer tous les accès galactiques de Terre 2, désolé. Je vous renouvelle mes vœux et mon adieu, je cesse dès maintenant tous contacts avec vous.

Le Conseiller SASSICON avait raccroché, COTROLL était seul à partir de maintenant ! il devrait donc mourir sur la Terre Mère, loin de chez lui. Sur Terre 2, il avait croisé quelquefois le Conseiller SASSICON, il se souvenait de son indifférence, de son mépris et de son manque total d'humanité ; il avait été égal à lui-même dans cette réponse !

C'est alors qu'une idée germa dans son esprit ; elle ne changerait pas la réalité mais serait sa vengeance ultime.

Il allait faire un testament qu'il mettrait dans une capsule en orbite autour de Terre pour les générations futures et si ce testament était capturé par les vaisseaux d'observation de Terre 2 cela constituerait un « document d'histoire subtil » pour eux aussi.

En rentrant dans son appartement parisien, il commença à jeter sur le papier les éléments de son futur testament.

Testament de Jarry Cotroll

À tous les futurs habitants de Terre 2, mes chers Compatriotes,

Sachez que dans l'année de la Terre 1, soit l'année 2021, nos dirigeants, en particulier le Conseiller Karl SASSICON, ont commis, en votre nom, un « génocide passif » en abandonnant à leur sort les habitants, nos frères, de la planète Mère.

Il est vrai que ces derniers avaient conduit cette planète par leurs fautes à un degré de décadence voisin de celui où l'avaient conduit eux-mêmes nos lointains Ancêtres – situation qui les avait obligés pour survivre, je vous le rappelle, à transhumer vers Terre 2.

Le problème est que les Terriens ne sont pas au même niveau technique que n'étaient nos Ancêtres et qu'une nouvelle transhumance est exclue à ce stade ; c'est pourquoi j'ai demandé l'aide de la Fédération qui me l'a refusée !

Arguant du fait que la pandémie qui sévit sur la planète n'avait pu être éradiquée par nos médecins. Étant médecin moi-même, je conteste cette affirmation ; car nous sommes riches de notre savoir et avec un peu de temps, nous serions venus à bout de cette pandémie ce qui aurait permis de sauver au moins nos frères, la planète naturelle elle-même étant de nouveau perdue à moyen terme.

Mais, nos dirigeants ont préféré la facilité criminelle en les abandonnant sans apporter notre aide à nos frères.

À cause de cette décision, nous allons tous mourir sur cette terre. Et c'est pourquoi j'écris pour nos générations futures afin qu'elles n'oublient jamais ce crime qui permet à une humanité – celle de Terre 2, la vôtre – de laisser disparaître une autre humanité sœur – celle de Terre 1.

L'avenir ne sera plus jamais radieux à cause de cette lâcheté !

L'histoire jugera…

Votre compatriote Jarry COTROLL

Message mis en orbite pour servir dans les prochains temps à l'humanité.

Et c'est 666 ans après, en 2687 qu'à la suite d'une erreur, peut-être volontaire, que les différents missiles répartis sur Terre 1, furent activés dans les silos et s'envolèrent, en même temps, les uns contre les autres, détruisant tout sur leur passage ; humains, animaux et plantes…

Et ce fut une nouvelle APOCALYPSE !

Il faudra longtemps avant que la Rose simple ou le Coquelicot refleurissent un jour sur terre.

Personnages et acteurs aux différentes époques

Année 0 Jésus de Nazareth, enfant, icône divine. Résoucris se substituera à Jésus pour endosser le costume du Christ. MOMP, Conseiller de la Fédération galactique de Terre2. Santacris, sosie de Résoucris, qui agira à l'Ascension et à la Pentecôte.

Judas Iscariote, membre de Terre2, il deviendra l'un des 12 et placé auprès de Résoucris par MOMP pour l'aider et aussi le surveiller de près. Comme prévu par le plan de MOMP, il trahira Résoucris sur commande à son corps défendant.

Cora, secrétaire de MOMP.

Claudia Procula, épouse de Ponce Pilate. Ophus, centurion romain désigné par Pilate pour surveiller Résoucris et les douze, qui refusa la mission, son serviteur ayant été guéri par Résoucris

Vitius, jeune légionnaire, remplaçant Ophus. Magnus Sorma, recruteur de gladiateurs pour le cirque de Rome.

Valerius Gratus, ancien préfet romain de Judée.

Gédéon, garde du Sanhédrin (autorité religieuse et politique juive de Jérusalem).

Saül devenu ST PAUL, agent de la Fédération, créateur du Christianisme.

Caïphe, Grand Prêtre, président du Sanhédrin.

Nicodème, membre du Sanhédrin. Il essaya de sauver Jésus en vain.

Ponce Pilate, procurateur romain désigné par l'empereur Tibère pour gérer la Province de Palestine. 150 – 3e siècle apr. J.-C.

Carol SEBOU, conseiller de la Fédération en charge.
Constantin, Empereur romain d'Orient. Il fit du Christianisme une religion d'État.
Ata COSSA, agent de la Fédération. 13 et 14e siècles. Karl MIRA, Conseiller en charge.

Jacques de Molay dernier Grand Maître des Templiers. Geoffrey de Charnay, commandeur de Normandie, numéro 2 des Templiers, agent de la Fédération, il sera brûlé en 1314 avec J de Molay à Paris dans l'île aux Juifs.

Nicolas Sarbon, agent de la Fédération, témoin du supplice des dignitaires Templiers.

18 et 19e siècles

Louis XVI, roi de France, décapité en janvier 1793. On aurait entendu dans la foule présente à l'exécution quelqu'un dire « Jacques de Molay, tu es vengé » (non attesté).

Niels SEROPO, Conseiller en charge.

Danton, agent de la Fédération, placé pour surveiller la Révolution et en prendre la direction en éliminant Robespierre.

Sébastien Barraud, agent de la Fédération.

Maréchal Ney, agent de la Fédération, placé auprès de Napoléon 1er.

19 et 20ᵉ siècles

1830 à 1870
Aigus TRACARTO, Conseiller en charge.
Victor Hugo contacté n'a pas donné suite
Alexandre Dumas père, probablement agent de La Fédération.

1870 à 1900
, Ata MARCOS Conseiller en charge. Remplaçant Aigus TRACARTO décédé prématurément.

Gambetta, agent de la Fédération. Loos Pernault, agent de la Fédération pour aider Gambetta

1900 à 1945 Gart TRIACE, Conseiller en charge, souffrant il est remplacé rapidement dès 1930, par Lois COTROLL.

De Gaulle, Pétain…. Guerre de 14/18 La Fédération avait désigné deux agents 1 dans chaque camp pour surveiller cette première guerre mondiale : Dans le camp germanique, Heinrich Sachs, tué dès le début en 1914 ; dans le camp allié, Marcel Thibaut fauché par les gaz, en 1916 en sortant de sa tranchée.

2ᵉ Guerre mondiale 1930 à 1945
Adolf Hitler a failli être recruté par COTROLL. Salastis et Canot, 2 agents chargés de surveiller Hitler. Les Dignitaires Nazis : Goebels, Himmler et Rudolphe Hess (agent de la Fédération).

Steffen et Sipo agents de la Fédération implantés dans le camp allemand et le camp russe à la bataille de Stalingrad.

1945 à 1970. Lois COTROLL, Conseiller en charge.

De Gaulle, l'Union soviétique, les Présidents américains… Marc CARO agent de liaison. Jude Sirto, membre du Conseil Galactique qui incita ce dernier à aider les Alliés au détriment de Hitler, par l'envoi d'informations secrètes et anonymes qui permirent leur victoire sur les forces de l'Axe ainsi que la procédure atomique de la fission nucléaire. 2 bombes atomiques lancées par les Américains sur Hiroshima et Nagasaki obtiennent la capitulation du Japon.

1970 à nos jours.

Karl SASSICON, Conseiller en charge, il abandonnera les habitants de Terre 1. De Gaulle, Pompidou, Giscard d'Estaing, Mitterand, Chirac, Sarkozy Hollande, Macron… Yves Rollande, agent mort du COVID. Jarry COTROLL agent, petit-fils de L. COTROLL (celui qui a tenté de recruter Hitler) ; narrateur.

Quelques dates significatives

Année 0 début de l'histoire. Année +33 crucifixion. +70 Flavius Josephe publie Antiquités Judaïques et la Guerre des Juifs. Il évoque vaguement « le bon Jésus » et signale les tenants du Messie sous le vocable « christianis ». 2 tendances se dégagent dans l'Église nouvelle : – Primitive dite Église de jacques (frère ou cousin de Jésus, qui n'est pas l'un des douze Apôtres) avec peu de développement pastoral extérieur, car « trop juive » ; à. Jacques fut attribué à tort le titre de 1er évêque de Jérusalem alors que cette hiérarchie n'existait pas encore.il gouverna cependant l'Église de Jérusalem jusqu'à sa mort en+ 62.

Il fut en conflit ouvert avec Paul. –

L'Église universelle, mise en place par ST Paul destinée à tous les peuples et non plus réservée au seul peuple juif.

Dont l'Église de Rome prit le leadership avec la primauté de son évêque, L'Apôtre Pierre qui devint son chef. –

+325 Concile de Nicée fixation de la doctrine. Reconnaissance de Jésus Christ comme Dieu. –

30 janvier 1933, Hitler est nommé Chancelier du Reich.

-7 – et 8/12/1941 entrée en guerre des Américains après l'attaque japonaise sur Pearl Harbor. –

22/06/1941 Opération Barbarossa ; Hitler envahit l'URSS.

12/07/1942 bataille germano-soviétique de Stalingrad.

Remerciements

À tous ceux qui m'ont fait l'honneur d'ouvrir ce livre.

Imprimé en Allemagne
Achevé d'imprimer en octobre 2021
Dépôt légal : octobre 2021

Pour

Le Lys Bleu Éditions
40, rue du Louvre
75001 Paris